너희는 죽으면 야스쿠니에 간다

너희는 죽으면 야스쿠니에 간다

**제국 시대 일본군을
인터뷰하다**

박광홍 지음

오월의봄

제국 시대 일본군을 만나다

제주 해안가에 있는 이상한 인공동굴

한라산에서 해안가까지 이어지는 푸른 초목, 옛 탐라의 혈맥을 따라 걷는 나그네는 장엄하고도 정겨운 절경에 압도된다. 그 절경의 신비함은 섬의 끝자락이자 시작점, 바당('바다'를 일컫는 제주도 방언)에 이르러 절정에 이른다. 용암의 역동적인 꿈틀거림이 빚어낸 검은 현무암 갯바위는 해안선 너머로 끊임없이 이어진다. 모래알 같은 세월 속에서 끊임없이 물결친 파도를 받아내며 깎이고 또 깎여온 이 현무암 갯바위는 우주의 신비를 드러내는 가장 분명한 징표 중 하나일 것이다. 이 징표를 가장 가까이에 두고서 성장할 수 있었던 나는 축복받은 소년이었다.

나를 비롯한 많은 제주 어린이들이 이 제주 바당을 바라보

서귀포 해안.

며 꿈을 키웠다. 그 바다의 의미를 어찌 감히 활자에 온전히 담을 수 있을까. 바당은 그 어떤 신학이나 철학 이론보다도 가슴에 와닿는 삶의 이정표이며 안식처였다. 그 위에서 노래하고 뛰놀며, 나는 이 세상을 구성하는 어떤 위대한 섭리에 대해 골몰하기도 하고 가슴에 응어리진 서러움과 슬픔을 토해내기도 했다. 바당은 그렇게 어린 제주 소년의 고민을 묵묵히 품어주었다.

바당이란 내게 그런 의미다. 그렇기에 '바당의 상처'는 더욱 아프고 무거운 의미로 다가왔다. '강정마을'에 해군기지 건설이 강행되었을 때 특히 그랬다. 공동체와 더불어 헤아릴 수 없는 세월을 함께해왔던 구럼비 갯바위는 폭음과 함께 사라졌다. 그 갯바위를 중심으로 형성되어 있던 작은 우주가 그렇게 사라졌다. 어린 학생이었던 나는 그저 아파했다. 국가안보의 논

너희는 죽으면 야스쿠니에 간다

리를 이해하고 납득하는 것과, 바당의 상처에 슬픔을 느끼는 것은 분명 다른 문제였다. '우리 조국의 바다'가 해군기지 건설로 더욱 안전해졌다면 이는 국가적인 성취라고 할 수 있을 것이다. 그러나 그 성취가 얼마나 위대한 것이든, 강정마을의 바당은 공사의 폭음이 시작된 그날 이전의 모습으로 돌아갈 수 없게 되었다. 그 차가운 사실로부터 비롯되는 슬픔은, 그 어떤 고무적인 통계로도 위로될 수 없는 것이다. 적어도 내게는 그렇다.

바당이 안보 논리로 상처 입은 것은 이번이 처음이 아니었다. 우리 집 근처에 있던 '외돌개' 해안가 곳곳에 나 있던 부자연스러운 '구멍'들. 그 구멍들의 정체를 궁금해하는 내게 초등학교 시절 담임선생님께서는 그것이 '일본군이 미군과 싸우기 위해 파놓은 인공동굴'이라고 말씀해주셨다. 그 말을 듣고서야 외돌개 해안을 비롯해 제주도 해안 곳곳에 나 있는 그 부자연스런 동굴들이 실은 신의 뜻이 아닌 전쟁의 광기로 빚어진 역사의 상처임을 알게 되었다. 그리고 차차 그 상처의 배경이 되는 '아시아·태평양전쟁'과 '결7호 작전'에 대해 알게 되었다.

1931년 9월 만주사변을 시작으로 노골화되었던 제국 일본의 중국 침략은 1937년 7월 7일 '루거우차오盧溝橋(노구교) 사건'으로 전면화되었다. 미국을 중심으로 한 열강들은 계속되는 일본의 침략 팽창을 묵과하지 않았다. 일본에 대한 금수조치가 단행되었고, 일본은 가장 필요로 하던 석유 등의 물자를 더는 공급받지 못하게 되었다. 전쟁 수행에는 당연히 제동이 걸렸다. 일본이 중국과의 전쟁을 계속하기 위해서는 금수조치가 해제되어야 했지만, 중국에서의 철군이 없는 이상 금수조치가 해제

될 일은 없었다. 몇 차례 타협 시도가 있었지만 모두 무위로 돌아갔다. 중국 침략의 주체였던 일본 육군은 중국에서의 철군을 거부했을 뿐만 아니라, 일본을 압박하는 미국 등에 대한 적개심을 불태웠다. 전쟁을 계속하라는 육군의 겁박 앞에서, 내각은 무력했다. 해군은 해군대로, 바다를 주전장으로 하는 새로운 전쟁의 개전이 자신들의 주가를 올려줄 것이라 계산했다. 이러한 상황들이 맞아떨어지면서 결국 제국 일본은 금수조치 상황을 타개하기 위한 대책으로 중국 전선에서의 철군이 아닌 열강에 대한 새로운 개전을 선택했다.

일본군은 미국, 영국, 네덜란드 등을 동남아시아에서 축출하며 승전보를 울렸다. 제국 국민은 열광했다. 하지만 승리의 기세는 오래가지 못했다. 미국을 중심으로 한 연합국은 전력 손실을 상회하는 압도적인 생산력으로 일본을 몰아붙였고, 몇 차례의 중요한 전투에서 대패가 거듭되면서 제국 일본은 완전히 수세에 몰리게 되었다. 전쟁이 계속됨에 따라, 연합군 전력은 일본 본토까지 바싹 조여 들어갔다. 일본이 절대 국방권으로 설정했던 사이판이 함락되었고, 이내 일본의 국토가 미군기의 공습으로 불타올랐다. 내지內地, 즉 '일본의 본토'에 해당하는 이오 섬과 오키나와마저 함락되었다. 승리의 희망은 없었다. 그러나 제국의 지도부는 국민의 생명을 보전하기 위한 합리적인 항복 대신, 전 국민이 죽을 때까지 싸우겠다며 '일억옥쇄一億玉碎'를 부르짖었다.

연합군의 일본 본토 상륙을 대비해 '결호 작전決-號作戰'이 입안되었다. 제주도 방어계획인 '결7호 작전'은 이 결호 작전의

제주도 송악산에 있는 해안특공진지.
일본군은 이 인공동굴에 자폭 보트
신요를 배치했다.

일부이다. 결7호 작전에 따라 일본군은 제주도 요새화에 착수
했다. 내륙에는 동굴진지가 건설되었고, 해안에도 이른바 '해안
특공진지'가 구축되었다.

이 해안특공진지가 바로 내가 목격했던 제주 바당의 '부자
연스러운 동굴'이었다. 이 인공동굴들에, 일본군은 자폭 보트
'신요震洋'를 배치했다. 동굴의 목적이 자폭 보트 은닉에 있었다
는 것을 알게 되었을 때, 어린 나는 아연실색했다. 자폭이라니,
상상조차 되지 않았다. 도대체 어떤 '대의'가 자기 자신의 존재
를 내던지는 것마저 가능하게 할 수 있다는 말인가. 어린 시절
에도 그랬지만, 이 글을 쓰고 있는 지금도 나는 그 절망적인 '현
상'을 온전히 이해하지 못한다.

제주도 바다엔 그들이 도사리던 동굴만이 남았을 뿐이다. 동굴은 말이 없다. 동굴의 침묵에 나는 숨이 막혔다. '자폭'마저 각오했던 그 사람들의 전쟁이 어떠한 것이었는지를, 현대를 사는 나로서는 영원히 알 수 없으리라 생각했다. 그때의 사람들을 직접 만날 수는 없을 것이므로. 그렇게 나는 자폭 보트와 바당의 동굴들을 기억 속에 남겨놓은 채 나의 삶을 살아갔다.

해병대의 '필사의 정신력' '필승의 신념'

인공동굴에 대한 이야기를 듣고 놀랐을 즈음부터, 내 마음 속에는 해병대에 대한 동경심이 자라나기 시작했다. 해병대교 육훈련단을 다룬 르포를 TV에서 접하고 난 후 줄곧 그래왔다. 정신적으로든 육체적으로든 인간의 경지를 초월한 듯한 해병 대 교관들, '안 되면 될 때까지'라는 해병대의 기치 아래 강인한 전사로 성장해나가는 훈련병들, 그리고 그들을 하나로 묶는 해 병의 신념과 전우애…… 그 모든 것이 형언할 수 없이 멋져 보 였다.

그렇게 해병대를 동경했던 내가, '군대 가기 싫다'며 어머 니께 칭얼거리곤 했던 것은 논리적으로 설명할 수 없는 모순인 걸까. '국방의 의무'라는 것은 너무나도 부담스럽고, 두려운 것 이기에 피하고 싶은 마음이 컸던 게 사실이다. 가혹한 환경, 폭 력에 관한 전언 혹은 소문들. 그것들은 어린 소년을 무겁게 짓 눌렀다. 나는 내게 예비된 그 운명이 버겁게 느껴졌고, 그래서 당시의 내게는 거의 전지전능한 보호자로 느껴졌던 어머니에게 그 무게를 하소연했다. 그런 내게 어머니는 "네가 다 컸을 때는 통일이 되어서 군대를 안 가도 될지 모른다"며 위로 아닌 위로를 남겨주셨다. 그러나 내가 고등학생이던 때 연이어 터졌던 천안함 폭침과 연평도 포격전은, 그 일말의 기대마저 산산조각 내버렸다.

군에 대한 모순된 감정을 품고서 자라나다 보니 어느새 병역 대상에 해당하는 나이에 다다랐다. 고등학교를 졸업할 즈음부터 내 마음은 병역 이행에 대한 부담감으로 짓눌렸다. 어쨌든 신체조건상 별 하자가 없는 내가 조만간 군인이 되어야 한다는 것은 기정사실로 보였다.

군대에 대한 고민을 안고 대학교로 진학하니, 마침 그곳에 학군단이라는 것이 있었다. 학군단이란, 대학교 3~4학년 때 소정의 군사교육과 입영훈련을 이수하고 임관종합평가에 합격하게 되면 졸업과 동시에 소위로 임관하게 되는 제도를 말한다. 전국 대다수의 대학이 육군 학군단인 것에 비해, 내가 진학한 제주대학교에는 해군·해병대 학군단이 설치되어 있었으므로 더욱 관심을 갖게 되었다. 가난한 나로서는 '적절한 봉급'을 받으며 군 복무를 할 수 있다는 점에 혹할 수밖에 없었다. 거기에 해병대 장교라니, 어려서부터 해병대 조직을 동경해왔던 나로서는 상당히 매력적인 선택지였다.

혼란과 동경, 호기심이 뒤엉켜서 잠시 망설였지만, 결국 학군단 홍보부스를 지나치지 못했다. 지원서류를 준비해서 제출했고, 곧 입단 시험을 보게 되었다. 지금 와서 돌이켜보건대, 이 선택이 내 인생 향로를 크게 바꾸었다고 생각한다.

충격과 감동의 연속이었던 입영훈련, 대학 생활의 중심이된 2년간의 후보생 생활, 그리고 대학 졸업과 함께 임관. 생애처음 겪는 군사훈련은 참으로 험난했지만, 그것들을 이겨내고서 나의 우측 가슴에 해병대의 상징이라고 할 수 있는 빨간 명찰을 달게 되었을 때 느꼈던 감격은 내가 알고 있는 어떤 어휘로도 도저히 표현할 수 없는 것이었다. 나는 2017년 3월에 해병대 소위로 임관했다. 병과는 정훈. 장병들의 '정신 전력' 교육과 공보, 문화생활에 관한 업무를 담당하는 부서였다.

후보생 생활부터 전역에 이르기까지 힘들 때도 있었고 서러울 때도 있었지만, 군 생활의 만족도는 높은 편이었다. 나는 해병대 장교라는 신분을 자랑스러워했고, 때때로 지휘관에게 능력이나 노고를 인정받는 것에서 보람을 느꼈다. 주변 전우들과의 의리와 정 역시 군 생활에서 빼놓을 수 없는 원동력이었다. 한때 군대에 가는 것을 무서워하는 어린이였던 내가, 어느새 대한민국이라는 근대국가가 요구하는 바람직한 국민상, 더나아가 바람직한 군인상에 근접한 의식을 갖게 된 것이다.

그랬기 때문에, 전역이라는 선택지를 두고 참 많이 고민했다. 전역하면 이 이상의 더 나은 직업을 찾을 수 있을 것 같지 않았다. 나는 나 자신을 나날이 뜨거워져가는 취업 경쟁에 내던지고 싶지 않았다. 무엇보다도 '국가'라는 대의를 위해 일하다가 이제 와서 자본가의 이익 창출을 위한 부속으로 나 자신을 낮춘다는 게 견디기 어려웠다. 어느 사이 나는 해병대 장교로서의 정체성과 긍지를 내면화하고 있었던 것이다.

너희는 죽으면 야스쿠니에 간다

그런데도 결국 전역을 선택한 것은, 풀고 싶었던 의문이 있었기 때문이다. 해병대 군가 중에는 〈달려라, 사자같이〉라는 곡이 있다. "달려라, 사자같이 돌진이다! 와! 와!" 하는 구절로 시작하는 이 곡을 후보생 시절에 부를 때면, 제목 때문인지 그 특유의 경쾌한 리듬감 때문인지 절로 힘이 나는 듯했다.

그런데 이 노래를 몇 차례 부르고 나니, 알 수 없는 찝찝함이 입가를 감돌았다. 무엇이 문제였던 것일까. 나는 동기들과 이야기를 나누며, 이 노래의 가사에 심각한 문제가 있음을 뚜렷하게 인지할 수 있었다. 문제가 있는 가사 부분은 첫 소절에 곧바로 이어지는 대목에 있었다. "우리들은 방패 없이 바다와 모래에서 독수리 되어 날은다……"

이상하지 않은가. 해병대의 용맹스러운 돌격 정신을 잘 나타낸 훌륭한 가사를 내가 트집 잡은 것이라면 마땅히 고개를 숙여야 할 일이겠지만, 아무리 생각해도 이 부분에 불만을 거둘 수가 없다. 나의 불만을 조금 삐딱하게 풀어내자면 이렇다. '사자'와 같이 전장으로 달려 나갈 것을 장병들에게 주문하면서, 그들의 안전을 보호할 방패조차 쥐여주지 않는 것은 도대체 무슨 발상인가. 방패 없이 장병들이 내던져지는 상황은 미화의 영역이 아니라 개선해야 할 현실이 아닌가.

이 곡에만 불만을 느낀 것이 아니다. 해병대를 대표하는 군가 중 하나인 〈브라보 해병〉에는 이런 내용도 있다. "싸워서 이기고 지면은 죽어라……" 결사의 각오로 전투에 임하는 군인의 미덕은 '계백'이나 '이순신'과 같이 어린 시절 읽었던 위인전을 통해서도 익히 접한 바 있다. 그런데 차가운 합리성이 지배하는 현대전에서도 패자에게 죽음을 논하는 것이 과연 타당한 처사일까. 나는 납득할 수가 없었다. 현대전에서는 일선 장병의 용맹만으로 전쟁의 승패가 정해진다고 생각하지 않기 때문이다. 싸움의 승패를 가르는 것은 결국 화력이나 보급과 같은 물적 조건이 아닌가. 일선 장병들을 극단적인 배수진에 몰아넣는 것으로 전승을 구하는 것은, 그저 무책임한 방법이라고밖에 달리 표현할 길이 없다.

이처럼 군가를 포함해 이른바 군의 사기와 전투의지에 관계된 '정신 전력' 교육자료에는, 장병들에게 덮어놓고 '필사의 정신력' '필승의 신념' 따위를 요구하는 예가 너무나도 많았다. 자기 자신의 몸을 던져 적의 토치카를 파괴했다는 옛 '육탄용사'들이 오늘날의 장병들에게 모범으로 제시되는 것이 가당키나 한 일인가.

한국군에 남아 있는 일본군의 정신주의

위에서 잠시 논했던 제국 시대 일본군은 "용기와 신념, 결단만 있다면 승리할 수 있다"는 정신론을 제창했던 집단이었다.[1] 자신들보다 물적으로 압도적인 서구의 적들을 맞아, 정신적 무장을 독려하며 최후의 마지막까지 항전할 것을 결의했고, 그 결말은 비참한 파국이었다. 그 역사적 예를 두고도 개인의 용맹과 의지에 아직도 집착하는 것은 어찌 된 일인가.

혹자는 한국군의 실질적 뿌리가 일본군 및 일본군의 괴뢰군이었던 만주군에 있기에 오늘날의 한국군에도 그 잔재가 남은 것이라고 주장한다. 창군기 국군의 핵심 구성원들의 출신성분을 생각해본다면 충분히 일리가 있는 이야기이다.

국사편찬위원회에서 2012년에 펴낸 《한국군 초기의 역사를 듣다: 군사영어학교 출신 예비역 장성의 구술》에서는 한국군의 창군 과정에서 일본군과 만주군 출신들이 중추적 역할을 맡게 된 배경을 소개한다. "일본군에 근무했던 한국인"이 "약 40만 명"에 달했던 일제강점기의 현실을 상기한다면, 새롭게 창군된 한국의 군대가 일본군의 영향에서 완전히 자유로울 수는 없었을 것이다.[2] 그러나 일본군 정신문화의 계승은 단순히 이러한 수치의 문제만으로 설명할 순 없다. "정규 사관학교와 각종 군사학교에서 현대전의 교리와 전략, 전술을 공부한 장교들이 많았던" 일본군과 만주군 출신자들은 "상대적으로 우수한 자질을 갖춘" 것으로 평가되어 당시 신생 한국군을 조직하던 미군정과 군사고문단으로부터 중용될 수 있었다. 제국 일본의 군사교육을 체험했던 일본군과 만주군 출신자들이 창군기 한국군의 주도권을 쥐게 됨에 따라, 그들이 기존에 학습한 제국 일본의 교리와 문화가 한국군에 이식되는 것은 필연적인 결과였다.

물론 한국군의 정신 영역 형성을 단순히 일본군과 만주군의 그림자만으로 설명하는 것은 어폐가 있다. 창군은 어디까지나 미군의 감독하에 이루어진 만큼, 신생 한국군에는 미국의 군대문화 역시 강하게 유입되었다. 정신주의를 기반으로 하는 일본군의 군대문화는 당연히 미군의 군대문화와 충돌할 수밖에 없었다. 당시의 상황에 대해 책은 "해방 직후에 경비대에 지원한 한국인들은 대부분 자신들이 경험한 일본군, 만주군, 광복군의 군대문화를 지키려고 하였으며, 미군 고문관이 제시한 미국 군대의 교리와 전술, 문화를 거부하였다"고 평가한다. 일례로 일본군 학도병 출신 김웅수 퇴역 소장은 당시의 문화적 충돌에 대해 다음과 같은 증언을 남겼다.

"(한국군 초창기의 각종 문화나 덕목의 근원은) 대부분 일본 군대에서 가져온 것이지요. 다수의 장교들이 일본군 지원병 출신이었기 때문에 그러한 문화가 한국군에 수입된 것이지요. 가장 고참이었던 사람이 최경록 장군이었는데, 그 사람은 일본군 준위 출신입니다. 안광호 장군도 지원병 출신이었고, 송요찬 장군은 오장, 즉 하사였습니다. 다시 말해서 일본군 지원병을 다녀온 사람들이 한국군에 복귀해서 자신들이 내무 생활에서 배운 것을 그대로 적용하려 했던 것입니다. 또한, 일본군에서는 획일적이고, 기율적인 측면을 강조해서 그것을 바탕으로 군대의 전력을 극대화하려는 생각들이 있었는데, 그러나 미국 사람들은 왜 경직적이고, 강압적인 방법밖에 없는가에 대해서 불만을 가졌던 것이지요. 따라서 일본군 문화와 미군의 문화는 완전히 다른 것이었지요."[3]

그는 한국군 장교가 자신이 체험했던 일본군 교육의 효능을 과신하며 미군식 교육에 노골적으로 불만을 터뜨린 사례도 증언한다.

"미군 고문관들은 이형근 대장의 실력을 인정해서 상당히 대우하면서도, 이형근 대장이 꼭 일본 군인의 사고방식을 가지고 있기 때문에 거리를 두었지요. 이형근 장군은 1946년에 미국 보병학교에 공부하러 갔는데, '내가 일본 육군대학까지 졸업했는데, 이런 것을 왜 배워야 하느냐?'고 하면서 그냥 돌아와버렸지요. 그래서 미군 고문관들은 이형근 대장을 고분고분하게 보지 않았던 것이지요. 또 한 가지는 일본식 교육과 미국식 교육이 조금 달랐기 때문입니다. 이형근 대장의 경우는 성격이 강해서 미국식 교육을 아예 배우려고 노력조차 하지 않았습니다. 아마 그래서 알력이 있었을 것입니다."[4]

일본군 출신자들이 자신의 일본식 군사 경험을 과신하여 미국식 교육과 문화에 반감을 드러냈다는 것은, 신생 한국군이 미군의 감독하에 조직되었음에도 그 정신적 근원에는 제국 일본의 그림자를 지울 수 없었다는 것을 방증한다. 물론 한국전쟁의 체험을 통해 미군의 교리와 문화가 한국군에 좀 더 뿌리내릴 수 있었던 것은 사실이나, 일본군과 만주군 출신자들이 군 조직을 넘어 정계에서까지 두각을 나타나게 되면서 제국 일본의 정신주의는 한국 근현대사를 관통하며 그 명맥을 유지하게 되었다.

일본 군대문화가 한국군에 스며들어 있다는 지적은 어제오늘 일이 아니다. 그러나 정작 감정적인 반일과 혐일이 한국 대중들 사이에 유행하곤 하는 현실이 무색하게, 일본군의 정신문화에 대한 체계적인 성찰은 부족해 보인다. 간단히 '정신주의'라는 네 글자로 제국 일본으로부터 유래한 의식 영역의 그림자를 설명할 수는 없다고 생각한다. 만약 일본의 군대문화를 정신주의라고 부른다면, 그 정신주의는 어떤 배경에서 형성된 것이며, 일본군 조직에 속했던 개인들은 어떤 과정을 거쳐 그 집합의식을 수용하기에 이른 것일까. 우리는 그때의 일본인들에 대해, 일본의 정신사에 대해 얼마만큼 이해하고 있을까. 일부 양질의 번역서가 출판된 것은 사실이지만, 직접 얼굴을 맞대고서 그들의 생애를 관통하는 제대로 된 질적조사를 실시한 일이 있던가.

이러한 문제의식을 느끼고 나는 한국군의 정신문화를 이해하기 위해서는 먼저 일본군의 정신론이 어떻게 빚어진 것이며 그것이 실제 일본군 장병들에게 어떤 영향을 끼쳤는지를 현지에서 직접 파악할 필요가 있다고 생각하게 되었다. 팔자에도 없던 일본어 공부는 그렇게 시작되었다. 군 복무 기간 동안 일본 유학을 준비했던 나는, 전역 직후였던 2019년 3월 21일에 일본으로 떠났다. 그리고 이곳 일본 땅에서, 어린 시절 보았던 제주도 해안의 해안특공진지, 군 시절 경험했던 정신론을 설명하기 위한 답을 찾기 시작했다.

그들을 만나고 싶었다

세주도 해안가에서 보았던 동굴들, 그곳에서 곧 마주칠지도 모를 미국 해군 함정에 자폭할 것을 각오하며 숨어 있었던 일본군 장병들. 그때의 전쟁은, 그들의 전쟁은 대관절 무엇이었나. '천황'과 '국가'를 위해 자신의 존재를 스스로 내던졌던 사람들, 그럴 수밖에 없었던 시대, 그 이야기를 직접 듣고 싶었다. 그래서 일본 유학을 선택했다. 그 시대를 살았던 사람들이 수명을 다하고 역사의 저편으로 저물어가는 오늘, 지금을 놓치면 다시는 기회가 없을 것 같았다.

더 늦기 전에 실제 참전자들의 증언을 채록하리라 마음먹었지만, 인터뷰 대상자를 물색하는 것은 결코 쉬운 일이 아니었다. 근본적으로, 인터뷰에 응할 사람들이 얼마나 있느냐 하는 문제가 있었다. 아직 생존해 있는 제국 시대 일본군의 수는 2020~2021년 기준으로 극히 적었다. 아흔이 훌쩍 넘은 고령의 사람들이기에, 설사 생존해 있다 하더라도 인터뷰가 가능한 상태일지는 또 다른 문제였다. 특히 2019년 말부터 세계를 강타한 코로나19 시국에서, 작은 질병조차도 치명적일 수 있는 고령자를 대면 인터뷰한다는 것은 결코 쉬운 일이 아니었다. 게다가 나는 신원을 선뜻 믿기 어려운 외국인 유학생, 그것도 일본과 외교적으로 갈등을 거듭하고 있는 한국 출신의 유학생이었기에 부담은 더욱 가중되었다. 만남의 기회를 얻는 것도, 세대와 언어의 벽을 넘어 소통하는 것도, 모두 어려운 일이었다.

우려는 현실이 되었다. 무엇인가 실마리를 찾았다 싶으면, 이미 돌아가신 분의 자료인 것을 뒤늦게 깨닫고 망연자실했다. 수소문 끝에 생존자 측과 연락이 닿을 때도 있었지만, 대개는 인터뷰 요청을 거절했다. '제국 시대 일본군을 직접 만나서 인터뷰를 한다'는 구상은 그저 생각으로만 남은 채, 시간만 속절

없이 흘러갔다. 시간만 흘러가다 보니 나 자신도 안일해졌다. 어느 사이 나는 골방에 누워 코로나19 탓을 하며, '어차피 실제 인터뷰는 현실적으로 어렵다, 그냥 회고록 정도를 종합하는 것으로 만족하자'는 타성에 젖어들었다. 모처럼의 일본 유학이 허망하게 끝나버릴지도 모르는 위태로운 순간이었다.

　한계점에 봉착하여 방황을 거듭한 끝에, 세 분과의 인터뷰가 어렵사리 성사되었다. 나는 그분들의 목소리를 바탕으로 〈총력전 체제하 내셔널 아이덴티티의 형성과 동요: 전 일본 군인·군속의 구술사를 중심으로 総力戦体制下のナショナル・アイデンティティの形成と動揺: 元日本軍人·軍属のオーラル·ヒストリーを中心に〉라는 석사논문을 썼다. 이 책은 석사논문의 뼈대가 된 인터뷰 내용을 한국어로 재구성한 것이다. 학술연구라는 성격, 혹은 분량 문제를 고려하여 논문에는 싣지 못했던 인터뷰 내용을 책에는 좀 더 생생하게 담아보고자 했다. 여기에 2020년부터 《오마이뉴스》에 〈일본史람〉이라는 제하로 연재해왔던 기고문의 일부를 추려 반영했다. 인터뷰를 통해 내가 얻은 것들을 더 많은 분과 공유할 수 있게 되기를 바랄 뿐이다. 본론으로 들어가기에 앞서, 인터뷰에 응해주신 세 분에 대한 간략한 소개를 남긴다.

히로토 아키라

廣戸章

1921년 6월 1일 오사카부大阪府 오사카시大阪市에서 출생했다. 인터뷰 당시 나이는 100세.

히로토 씨가 주오대학中央大学 법학부에 입학했던 1941년, 제국 일본은 미국과 영국을 상대로 한 전면전을 시작했다. 당시 대학생은 징병유예 대상이었으나, 전황 악화로 징병유예 혜택은 폐지되었다. 결국 히로토 씨는 1943년 12월 해군병과예비학생 제4기로 학도출진했다. 병과는 육전陸戦, 한국으로 치면 해병대에 해당한다.

히로토 아키라 씨.

1년간의 군사교육을 받고 1944년 12월 항공모함 '류호龍鳳'에 승선했고, 1945년 3월 중국 하이난섬에 입도했다. 이후 8월 종전까지 섬 중앙부에 남아 있던 중국군에 대한 경계 임무 및 미군 상륙에 대한 방비를 맡았다. 최종 계급은 중위. 1946년 3월 귀국했으나 대학에 돌아가지 못하고 오사카증권거래소에서 정년까지 근무했다.

기시 우이치

岸卯一

1925년 9월 26일 오사카부 스이타시吹田市에서 출생했다. 인터뷰 당시 나이는 96세.

코노하나此花상업학교에 재학 중이던 1943년 여름 '해군비행예과 연습생海軍飛行予科練習生'(요카렌)에 지원해 12월에 합격 통지를 받았다. 통신 병과를 배정받고 1년간의 군사교육을 받고서 1945년 2월 야마구치현 호후防府 해군통신학교를 졸업했다. 졸업 후에는 카토리香取 해군항공기지의 131항공대에 배속되어 종전까지 통신병으로 근무했다. 최종 계급은 일등병조(현대 한국군의 '중사'에 해당). 종

기시 우이치 씨.

전 직후 고향인 오사카로 돌아갔으나, 이른바 '잔무 정리' 문제로 재소집되어 카토리 해군항공기지로 복귀했고, 그곳에서 11월까지 미군과 함께 근무했다. 잔무 정리 후에는 오사카로 돌아가지 않고, 미군으로부터 지원받은 물자를 기반으로 전우들과 함께 치바현에서 전기점을 창업했다.

너희는 죽으면 야스쿠니에 간다

코타니 히로히코

小谷裕彦

1926년 9월 30일 효고현兵庫県 카사이시加西市에서 출생했다. 인터뷰 당시 나이는 94세.

하리下里소학교 졸업 후 1941년부터 공장에서 일하기 시작했고, 1943년 1월에는 군수기업인 카와니시川西항공기에 입사함으로써 징병 대상에서 제외되었다. 이후 우즈라노鶉野 해군항공기지에 근로자로 배속되었고, 활주로 공사(1943년 10월까지), 전투기 조립 등의 작업에 종사했다. 종전 후에는 우즈라노 비행장을 접수한 미군에 의해 다시 '근로봉사'로 동원되었다.

코타니 히로히코 씨(가운데)와 필자(오른쪽).

1

'천황 폐하'의 신민으로 자라나다

'폐하의 자녀'로 '나라를 위해 죽는' 것

해군비행예과연습생 출신의 기시 우이치 씨는 내가 처음
으로 마주한 일본군 출신자였다. 기시 씨와의 인터뷰에서 가장
인상적이었던 부분은, 인터뷰 내내 거듭 '교육의 무서움'을 강
조한 지점이었다. 기시 씨는 자신이 어린 시절 받았던 교육을
다음과 같이 회상했다.

전쟁 중이기 때문에 그러한 교육을 받았던 것입니다만, 그
당시의 교육이란 결국 말이지요. '너희는 폐하의 자식이다.
그러니까 나라를 위해서 죽는 것 말고는 다른 길이 없다'라
는 식의 교육이었어요. 그러니까, 중학교 때부터 벌써 총검
술을 배우거나 교련을 받았죠. 그렇게 훈련되다 보면 이제는
나라를 위해 죽는 것만이 정말 소망이 되어버려요. 그런 생각
에 빠져버리는 것이죠. 대단하지 않나요? 역시 교육이란 말
이죠…… 그러다 보면 언제 어디서든 나라를 위해 죽는다는
믿음을 머릿속에 담아두게 되니까, 전혀 죽음이 무섭지 않았
어요.
역시 부모도 이미 그런 교육을 하고 있었으니까 말이죠. 집에
서도 계속 교육받게 되는 셈이죠. 정신적으로 말이죠. 소학교
들어갈 때부터 학교에는 봉안전奉安殿*이라는 것이 있었어요.

---

*   일본과 그 식민지의 학교에 천황과 황후의 초상, 그리고 교육칙어를 넣어두던
    구조물. 한반도에는 1930년대 이후 각급 학교에 설치되었다.

거기에 그 폐하의 사진이 모셔져 있고, 그 교육칙어까지⋯⋯
어렸을 때부터 교육칙어를 봉독하다 보면, 어떻게 해서든 폐
하를 위해 죽지 않으면 안 된다는 신념을 갖게 되어버립니다.
뭐라고 할까요, 전쟁은 교육에 의해 좌우되는 것이로군요. 교
육의 무서움이라는 것을 알았어요. 그게, 얼마나 무서운가 하
는⋯⋯

　기시 씨가 체험한 제국 일본의 교육 이념은 '천황 주권의
절대성'에 기초한 '황도주의皇道主義 국체론国体論'이었다. 천황과
국체의 신성을 강조하는 일본의 학교교육은 제국 일본의 천황
중심 체제가 확립되는 과정에서 등장했다. 막부가 해체되고 제
국 체제가 수립됨에 따라, 그동안 허수아비 군주에 머물렀던 천
황은 새로운 제국의 유일한 주권자로서 전면에 세워졌다. 그러
나 모든 이들이 새로운 질서의 등장을 환영했던 것은 아니었다.
메이지유신으로 기존의 특권을 상실한 사족들 사이에서는 반
발이 터져 나왔고, 이러한 몰락 사족의 반발이 계층을 넘어 민
중의 사회적 요구와 결합하게 되면서 '자유민권운동'*이 전개
되기에 이르렀다. 천황을 중심으로 하는 새로운 질서 구축에 반
하는 저항은 커다란 위협으로 간주되었다. 이러한 혼란을 타개
할 수단으로 제국의 지도부는 교육의 역할에 주목했다.
　이에 따라 천황의 절대성을 국민의 사상에 주입하기 위한

---

* 　19세기 말 메이지유신 이후 일본에서 벌어진 정치·사회운동. 몰락한 막부 세
력과 농민층이 주축이 되었으며, 민중에 대한 참정권 부여와 입헌군주제를 요
구하며 신흥 번벌 권력에 대항하는 방식으로 진행되었다.

교육칙어를 봉독하고 있는 장면. 1890년에 포고된 '교육칙어'는 천황의 신성성을 강조하며 유사시 나라를 위해 헌신할 것을 학생들에게 주문했다. 이는 교육 정신이 천황 절대주의에 잠식된 시대상을 나타내는 대표적인 예이다.

다양한 교육 정책이 펼쳐졌다. 1881년(메이지 14년)에 제정된 '소학교 교칙 강령小学校教則綱領' 및 '소학교 교원 심득小学校教員心得'에서는 "아동의 심리적 발달 단계"에 주목해 "수신(도덕) 및 역사를 중시"하는 교육 방침이 정해졌다.[5] 그 흐름에서 막부 시대부터 이어져왔던 '봉건적 충군도덕忠君道徳'을 근간으로 하는 유교 윤리는 근대적 의미의 '애국' 개념과 결부되었다. 천황과 신민의 관계는 이러한 기초 위에서 정립되었고, 교육의 목적은 '존왕애국尊王愛国' 도덕심의 배양으로 설정되었다. '천황 주권의 절대성'에 기초한 '황도주의 국체론'이 제국 일본의 교육 이념으로 채택된 것은 바로 이 시기의 일이었던 것이다.[6] 1890년(메이지 23년)에 포고된 '교육칙어'는 천황의 신성성을 강조하며 유사시 나라를 위해 헌신할 것을 학생들에게 주문했다. 이는 교육 정신이 천황 절대주의에 잠식된 시대상을 나타내는 대표적인 예이다.

요컨대 메이지 신정부의 정당성을 주장하기 위해 유교 도덕과 애국 개념을 결합한 '황도주의 국체론의 교육 이념'이 교육 정책 전반을 지배하게 된 것이다. 천황의 절대성을 주창한 와타리 쇼자부로亘理章三郎의《국민도덕론国民道徳論》(1922), 천황과 신민의 관계를 부모·자식 관계로 설정하고 '가족국가관'을 강조한 문부성의《국체의 본의国体の本義》(1937), 황국신민으로서의 정신을 현실에서 구현할 것을 요구한 문부성의《신민의 길臣民の道》(1941) 등의 주요 문헌들은 다이쇼 시대 말기부터 전쟁기에 걸쳐 국체사상이 계승 발전된 흐름을 보여준다.[7]

한편 청일전쟁, 러일전쟁, 제1차 세계대전, 시베리아 출병 등 대외전쟁이 진행되면서 국가주의 교육은 더욱 성행했고, 이와 함께 "병식체조兵式体調"(군대식 체조)를 비롯해 "국민교육 자체를 군사화할 필요를 주장"하는 목소리가 높아졌다.[8] 1918년 쌀소동, 식민지에서 일어난 민족해방운동, 노동자·농민층의 계급투쟁, 학생 지식인들의 민주주의·입헌주의적 요구에 직면하며 동요하던 제국 일본에 교육의 군사화는 탁월한 위기 극복 방안이었다.

삶이 파탄 난 사람들이 들고일어나다

쌀소동은 식량 사정 악화에 대한 시위로 시작된 일본의 대대적인 민중항쟁이다. 1918년 7월 22일, 일본 토야마시富山市 시청에 200여 명의 사람들이 들이닥쳤다. 놀란 관리들에게 시민들은 천정부지로 치솟는 '쌀값 문제'에 항의하기 시작했다. '만세일계萬世一系'*의 천황이 주권을 갖는 당시의 제국 일본에서, 민중이 사회 현안에 대해 국가에 항의한다는 것은 상상하기 어려운 일이었다.

그 무도한 일을 저지른 이들은 제국 일본 체제에 저항하던 막부 잔당이나 사상범, 혹은 조선의 독립운동가 등이 아닌 생존을 위해 투쟁에 나선 보통 시민들이었다. 시위에 나선 이들 중에는 지팡이에 의지한 할머니도, 아이의 손을 잡은 주부도 있었다. 이들은 최소한의 생존권을 보장받고자 위험을 무릅쓰고 국가에 항의한 것이다.

그러나 달라지는 것은 없었다. 무시당한 채 고통에 그대로 남겨진 민중은 분노했고, 시위는 전국 단위로 확대됐다. 9월 12일까지 이어진 크고 작은 시위에서는 방화와 같은 폭력사태까지 벌어졌다.

1918년 제국 일본의 여름을 흔들었던 당시의 난리는, 1년 뒤 조선에서 일어난 3.1운동 때도 그러했듯이 시위의 '민중항쟁

---

* 천황의 혈통이 한 번도 단절된 적 없이 2,000년 이상 이어져왔다는 뜻. 천황제 국가 이데올로기의 바탕을 이루는 대표적 요소다.

적 성격'보다 '폭동적 성격'에 초점이 맞춰져 '쌀소동*騷動'으로 명명됐다.

조선 등 해외 식민지 경영을 통해 일본인 모두가 수혜를 누렸을 것이라는 관점에서 보면, 극단적 빈곤에 대한 불만이 폭발하여 벌어진 이 쌀소동은 이해하기 어려운 역사의 장면일지 모른다. 그러나 작가 빅토르 위고의 대작《레 미제라블》에 묘사되는 프랑스 사회의 빈곤 역시 프랑스가 식민 제국이었던 시대를 배경으로 하고 있음을 생각해본다면, 일반 민중이 해외 식민지 경영의 수혜자가 되기는 어렵다는 걸 납득할 수 있을 것이다.

프랑스는 당시 영국을 좇아 세계 각지에 식민지를 건설하고 대대적인 수탈을 자행한 식민 제국이었다. 그러나 프랑스라는 국가가 해외에서 무엇을 얼마나 빼앗은들,《레 미제라블》에 묘사된 바와 같이 지독한 빈곤 상태에 놓여 있던 본토 민중의 삶은 별달리 개선되지 않았다. 당시 국가는 민중의 이익을 대변하는 기구가 아니었던 까닭이다. 프랑스 식민 제국의 울타리 안에서 당시 보호받고 번영을 누린 이들은 민중이 아닌, 왕과 그 가족들, 성직자, 귀족, (뒤늦게 합류한) 자본가 따위의 특권계층들뿐이었다.

일본 역시 마찬가지였다. 지도자들은 천황제 절대주의 체제를 수립하고 대외 팽창에 골몰했을 뿐 자국 민중의 삶을 빈곤으로부터 건져내는 데는 무심했다. 현실이 이러하니, 제국 체제의 장기말에 불과했던 민중의 삶이 수렁에 빠지는 것은 당연한 이치였다.

이와 같은 상황에서 러시아의 볼셰비키 혁명을 저지한다

는 구실로 무리하게 단행한 1918년 '시베리아 출병'은, 위태롭던 민생을 완전히 벼랑 끝으로 몰아넣었다. 새롭게 시작될 대외전쟁으로 쌀 가격이 폭등할 것을 예상한 지주와 상인들이 쌀을 놓고 투기와 매점 행위를 일삼았던 것이다.

당연히 쌀값은 보통 사람들이 끼니를 챙길 수조차 없을 정도로 폭등했다. 정부는 쌀 가격 조절에 실패했지만 그렇다고 시베리아 출병을 재고하지도 않았다. 국가의 무책임 아래 쌀값은 걷잡을 수 없이 치솟았다. 이미 제1차 세계대전으로 물가는 폭등한 반면 실질임금은 전쟁 전의 70퍼센트 이하로 떨어진 상황이었기에, 이때 대다수 일본 민중은 심각한 식량난에 허덕이고 있었다.

삶이 파탄 난 사람들은 그렇게 들고일어났다. 1918년의 쌀소동은 굶어 죽지 않기 위해 일어난 민중의 절망적인 항거였던 것이다. 이때 시위에 참가한 민중의 규모는 70만 명 정도로 추산된다.

정부는 경찰은 물론 군대까지 투입해 이 '소동'을 진압했다. 전국에서 체포된 이들만 2만 5,000명을 웃돌았다. '폭도'들에 대한 발포와 '착검 진압'도 진행됐다. 이때 '일본군'에 의해 살해된 '일본 국민'의 수는 33명으로 추정된다. '자랑스러운 제국의 군대'가 자국 민중을 향해 총구를 돌리고 생명마저 빼앗은 사태. 일본 민중은, 제국의 지배자들에게 그런 존재였다.

《레 미제라블》에 그려진 프랑스 사례와 너무나도 유사하게, 제국 일본의 울타리 안에서 보호받고 번영을 누린 이들은 천황가와 천황이라는 신화 뒤에 흑막을 치고 앉아 전권을 휘두

1918년 쌀소동으로 불에 탄 스즈키
상점(쌀 유통 회사) 고베 본사 사옥.

쌀소동 당시 시위 진압을 위해 무장
출동한 재향군인들.

너희는 죽으면 야스쿠니에 간다

른 권신과 군부 세력, 거기에 기생하던 재벌 등이었다. 민중은 제국의 울타리 밖에서 주린 배를 움켜쥐고 울부짖었다. 참다못해 비참한 현실에 저항해봤지만, 그 저항은 철저히 진압됐다. 이후 1945년 8월 15일 패망에 이르기까지 그들의 인권이 존중되는 일은 없었다.

교육의 군국주의화, 충성스런 신민 만들기

민중의 불만은 체제 유지에 크나큰 위협이었으므로, 국가로서도 이에 대한 특단의 대책을 마련해야 했다. 그들이 선택한 해법은 민중을 분노케 한 사회 모순의 해결이 아닌, 불경한 민중을 '충성스러운 신민'으로 사회화시키는 것이었다. 그리고 황도주의 국체론과 군사주의를 바탕으로 한 교육은 그 주요한 도구였다.

쌀소동의 혼란이 일본 사회를 휩쓸고 지나간 지 7년이 지난 1925년(다이쇼 14년)부터는, "국방력 감퇴"를 막기 위한다는 명목으로 "중등학교 이상의 각 학교 및 고등 전문학교에 현역 장교를 배속"시켜 "군사 교련"을 실시했다.[9] 일반 학교뿐 아니라 소학교 졸업 후 실업에 취업한 청년을 대상으로 하는 청년훈련소도 설치됐다. 교육 내용도 군에서 요구하는 "기술교육" "정신교육"의 중요성이 강조되었다. 이러한 교육 내용의 "군국주의화"는 "교육 중립성 파괴"를 초래했다고 평가된다.[10]

제국 일본이 본격적인 총력전 체제에 진입하면서, "국민

1938년 교련 교육을 받는 학생들.
제국 일본은 1925년부터 중등학교 이상의
학교에 군사 교련을 실시했다.

통합 문제"는 "국방국가 체제 확립을 위한 중심과제"로 꼽혔다. 이에 따라 "교육 내용 개혁"의 초점은 "국체 관념을 소년의 뇌리에 침투"시키는 데 맞춰졌고, "교육 정책에 대한 군부의 간섭"도 현저해졌다.[11] 군부는 "강건한 장정" "일본 정신으로 무장된 병사"를 "황군의 기초"로 보고 "국민교육 전반에 대해 관심을 갖게" 되었다.[12] 전쟁 수행에 필요한 국민의 지지와 협조를 얻기 위해서 교육의 영역마저 전쟁에 동원되고 만 것이다.

'연성鍊成' 개념의 등장은 교육이 총력전 체제에 동원된 상황을 보여주는 극단적인 예다. "연성"이란 "황국 국민다운 자질을 연마 육성하는 것"을 의미하며, "일본의 총력전이 요구한 교

　너희는 죽으면 야스쿠니에 간다

육 과제를 한몸에 집약하는 개념"으로 자리매김했다.[13] 1935년 11월 문부성 공문서상에서 처음 언급된 연성은 국가총력전이 진행되는 상황에서 "사상전 내지 정신 동원의 과제"가 대두되자 "전시하 학교교육의 최고 목적으로 1945년까지 일본의 교육 경계에 군림했다".[14] 연성을 국민학교의 목적으로 하여 설정한 1941년 3월의 '국민학교령 제1조'는, 총력전 체제하에서 연성이 교육을 대신하는 개념으로 올라선 실태를 드러낸다. 즉, "국민의 정신과 도덕까지도 군사적 요청에 직결되는 동원 대상"이 된 것이다.[15]

조선인의 '일본화' 정책

제국의 울타리 안에서 정신의 동원을 요구받은 것은 비단 일본인들뿐만이 아니었다. 제국 일본은 만주사변 이후 패전에 이르는 이른바 '15년 전쟁' 기간 동안 식민지 조선인들을 군속, 군인, 징용노동자 등 다양한 형태로 전쟁에 동원했다. 일본인과는 구별되는 존재인 조선인을 총력전 체제의 부속으로 가공하기 위해 강도 높은 사상통제가 실시되었음은 물론이다. 이른바 '황민화 정책'은 전쟁 동원의 필요와 함께 정교화되고 확대되던 것이다.

새롭게 동원 대상으로 설정된 조선인에게 일본인으로서의 민족 정체성을 심기 위해 실시된 황민화 정책은, 특히 일본에 거주하고 있는 조선인들을 상대로 더욱 철저하게 전개되었다.

일본의 조선사 연구가 히구치 유이치樋口雄一가 쓴《황군 병사가 된 조선인皇軍兵士にされた朝鮮人》(1991)에서, 당시 재일조선인들을 상대로 실시된 황민화 정책의 실상을 엿볼 수 있다.

아시아·태평양전쟁에 돌입하면서 총력전 체제가 본격화되자, 다수의 일본인들은 군인으로 혹은 군사에 관련된 업무에 동원되었다. 그러나 총력전 체제를 지탱할 병력과 노동력은 일본인들만으로는 부족했다.

한반도에서 일본으로 건너가 정착하게 된 조선인의 수는 1920년대 이후 크게 늘어났다.* 총력전 체제하에서 계속되고 있던 동원으로 인해 일본인들의 빈자리가 늘어가고 있는 상황에서, 일본 사회의 한 축을 구성하고 있는 조선인들에 의해 소요사태가 발생한다는 것은 총력전 체제의 톱니바퀴에 금이 간다는 것을 의미했다. 그들은 일본인의 손실을 보충할 새로운 활로를 모색해야 했고, 동시에 체제의 안정을 유지해야 했다. 전쟁 동원을 위해서라도, 치안 유지를 위해서라도 제국 일본의 지도자들은 조선인들을 '동화', 즉 '일본화'시켜야 할 필요성을 느꼈다.

재일조선인이 사는 지역에 1939년 말에서 1940년 사이에 만들어진 '협화회協和会'는 제국 일본의 지도자들이 목표로 한 조선인의 '일본화'를 수행하는 통제 조직이었다. 조선인의 관리 동원 교육 등은 제국 일본의 사상경찰인 특별고등경찰의 감독

---

*　1910년 이른바 '한일병합' 당시 2,527명이었던 재일조선인의 규모는 1945년에는 200만 명을 넘어섰다.

내선일체를 선전하는 포스터.

하에 각 지역 협화회 지부를 통해 이루어졌다.

일본인과는 다른 역사와 문화를 가진 조선인을 황국신민으로 재사회화시키는 작업은 다방면에서 이루어졌다. 재일조선인들은 협화회가 주도하는 국어(일본어) 교육, 훈련, 봉사, 참배, 헌금 등 황국신민으로 만들어지기 위한 활동에 참여해야 했다. 여기에 그치지 않고 기존의 조선식 이름을 일본식으로 고치는 창씨개명마저 요구받았다. 전선에서 옥쇄한 조선인 전몰자는 '내선일체內鮮一體'의 모범으로 선전되었고, 정치계에서도 조선인 참정권 확대를 논의하며 조선인 황민화 정책에 적극적으로 호응했다.

제국 일본의 지도자들은 조선인들이 자기 자신을 일본인과 같은 운명공동체로 여기기를 바랐다. 그리하여 조선인들이 일본이라는 나라를 위해 기꺼이 전장으로 향하게 되기를 기대했다. 이를 위해서는, 조선인들이 조선인 사회 내에서 성장하며 구축하고 또 간직해온 조선인으로서의 정체성을 지워야 한다는 극단적 결론에 도달하게 됐다. 조선인에게 황국신민으로서의 정체성을 심기 위해 실시되었던 황민화 정책의 폭력적 사례는, 정신마저 동원 대상으로 삼는 총력전 체제의 본질을 가감 없이 드러낸다.

"천황은 일본의 상징일 뿐"

학생을 '폐하의 자녀'로, '나라를 위해 죽는' 것을 신민의 미덕 혹은 의무로 규정한 국체사상 교육은 그 당시를 살아갔던 이들이 결코 피할 수 없는 사회화 과정이었다. 인터뷰에 응한 기시 씨의 사생관死生観 역시 천황을 정점으로 하는 국가의 존재가 자신의 생명보다 존귀하다는 믿음 아래서 형성된 것이었다. 국체사상과 군사주의로 점철된 교육은 기시 씨에게 천황을 목숨 바쳐 지켜야 할 성스러운 존재로 인식시켰다. 특히 국체사상 교육이 학교 시설을 넘어 가정에서 부모에 의해서도 행해졌기 때문에 기시 씨는 천황 숭배를 일상에서 자연스럽게 내면화했을 것이다. 이렇게 기시 씨는 참전 전부터 천황이나 국가를 위해 죽을 각오를 다지게 되었다.

100세에 이르기까지 한 세기를 넘게 산 히로토 아키라 씨에게도 천황 숭배를 세뇌하던 당시의 교육 내용은 여전히 기억

속에 생생하게 남아 있다.

소학교 때부터 높은 사람이라는 것은 느꼈지만…… 어쨌든 그것은 더 이상 논리의 문제가 아니에요. 그냥 위대한 사람이라고 배웠으니까 그런 거지. 하지만 점점 나이가 들면서 의문을 가지게 되었죠. 입에는 올릴 수는 없었지만, 이상했어요. 그렇기는 했지만, 어렸을 때는 뭐 아무것도 몰랐죠.

예를 들어 소학교 1학년 때부터요. 천황의 탄신일인 천장절에 어떻게 했느냐면요. 교정에 모여 앉아요. 천황 폐하, 황후 폐하의 사진이 떡하니 정면에 있죠. 기미가요(일본의 국가)와 함께, 그 천황 폐하의 사진을 가리고 있던 커튼이 걷히면 거기서 천황 폐하, 황후 폐하의 사진이 나와요. 그러면 기미가요를 불렀죠. 그러고는 "최경례最敬礼*! 끝!"이라고 하면 이번에는 교장 선생님이 나오셔서 교육칙어를 읽으세요. "짐이 생각건대, 황조황종皇祖皇宗이 굉원宏遠에 나라를 열어 덕을 세움이 깊고 두터우니 우리 신민이 지극히 충성하고……" 계속 들을 수밖에 없어요. 그치만 들어도 무슨 말인지 알아들을 수가 없죠. "부모에게 효를父母ニ孝ニ", "부부간 화목하며夫婦相和シ"라고 하는데, 당최 무슨 이야기인지…… 소학교 아이한테 "부부간 화목하며"라고 해봤자, 무슨 말인지 알아들을 리가 없죠? 그리고 마지막으로 "메이지 23년 10월 30일, 어명어새

---

* 양손이 무릎에 닿도록 허리를 크게 굽혀서 하는 절.

御名御璽"라고 하는데, '어명어새'*도 무슨 뜻인지 모르죠. 그 저, "어명어새"로 봉독이 끝나면 '아, 겨우 끝났다!' 하고 안도 하고, 그런 거죠.

그러고는 교장 선생님이 "오늘은 천황 폐하의 생신으로 매우 경사스러운 날입니다" 하고 말씀하시고, 그다음 "오늘의 좋은 날은 어광御光이 태어나신 좋은 날이다" 하고 노래를 불러요. 노래를 부르고 난 뒤에는 아까 그 커튼을 닫고, 그렇게 끝이 나요. 그 뒤에 홍백 만쥬**를 받아요. 그 홍백 만쥬를 받는 게 정말 좋았어요. 그렇겠죠? '교육칙어'라고 해봐야 소학생이 뭘 알겠어요?

히로토 씨는 국체사상 교육을 통해 천황을 '높은 사람'으로 인식하긴 했지만, 어린 그에게 천황 숭배의 의미는 가슴에 와닿지는 않았다. '폐하의 자녀'로서 '나라를 위해 죽을' 각오를 굳혔던 기시 씨의 경우와 비교하면, 히로토 씨는 천황 숭배를 깊게 내면화하지 않았다고 해석할 수 있다. 어린 시절 교육칙어를 이해하지 못했던 히로토 씨는 성장과 함께 좀 더 깊이 있는 내용의 국체사상 문헌을 읽게 되었지만, 그럼에도 교육과정에서 요구하던 황도주의 국체론에 동화되진 않았다.

'국체' 말이에요? 《국체의 본의》이런 책이 있었죠? 그것도

---

* '천황의 서명 날인'이라는 뜻.
** 일본의 전통 화과자.

뭐 열심히 읽었지만…… 사실은 그걸 읽고 외워야 하는데, 뭐 전부 외운 사람도 있긴 하겠지만, 우리는 못 외웠어요. 그런 거죠. 새삼스럽게.

성장과정에서 다양한 방식으로 국체사상을 주입받았음에도 히로토 씨가 그 내용에 완전히 공감할 수 없었다는 점은, 천황에 대해 당시 그가 가졌던 견해에서도 확인된다. 당대의 제국 일본에서 천황의 존재는 '현인신現人神'으로 설정되었지만, 히로토 씨는 천황의 의미를 좀 더 근대 국가 담론의 틀 안에서 인식했던 것으로 보인다.

하지만 정말로 (천황을 신이라고) 그렇게 생각하고 있었는가 하는 것은, 그건 사람에 따라 다르지 않을까요? 역시 그렇네요. 천황이 '현인신'이라고는 전혀 생각하지 않았어요. 결국 '천황을 위해서'가 아니라 '일본을 위해서'라는 것입니다. 그렇죠? 천황 폐하가 나라의 톱top이니까, 결국은 나라를 위해 죽는다는 것입니다. 천황 폐하 개인을 위해서가 아니라구요. 뭐, 천황 폐하의 나라이니까, '천황 폐하를 위해서'라고 표현하는 것이지요. 천황 폐하의 신민이잖아요, 우리 모두는요. '천황을 위해서'라고 하는 것은 곧 '일본을 위해서'라는 뜻이 됩니다. 일본을 위해서. 그러니까, '일본 만세'가 아닌 '천황 폐하 만세'라고 하지 않으면 안 되니까……
그러니까 (천황을) 하느님神樣, 하느님이라고는 말했지만, 진정으로 하느님이라고는 생각하지 않았어요! 하느님이란 무엇일까요? 갓God! 갓이 뭐죠? 네? 하느님이란 보이지 않는 존재지요? 모두들 관념적인 존재로 생각할 겁니다. 그렇죠? 보이지 않는 존재가 형체를 갖춘 것이 현인신, 천황이라고 하는데, 그런 걸 믿을 리가. 맞죠? 하지만 입으로만은 그렇게 말했네요. 말로는 그렇지만, 실제로 그렇게 생각하고 있었느냐 하면, 그건 아닌 것 같아요.

히로토 씨는 학교나 사회에서 논하던 바와 같이 천황이라는 존재를 '하느님'이나 '현인신'으로 생각하지 않았다고 분명히 말했다. 히로토 씨에게 천황의 존재는 일본이라는 나라를 대표하는 상징일 뿐이었다. 이러한 히로토 씨의 천황관은 당시 교육이 목적으로 한 천황 숭배와 큰 차이를 보인다. 그럼에도 천황의 존재를 일본의 상징으로 받아들였다는 점에서 히로토 씨의 내면에는 천황을 정점으로 한 내셔널 아이덴티티가 형성되어 있었다고 할 수 있다. 즉 히로토 씨는 일본을 천황 중심의 공동체로 인식하면서 자신을 일본 국민으로 자각했던 것이다. 이러한 내셔널 아이덴티티는, 이후 히로토 씨가 전쟁을 체험하면서 지니게 된 사생관에도 중요한 영향을 끼쳤다.

사상통제의 위력, 복종하는 신민

국체사상을 근간으로 하는 내셔널 아이덴티티의 형성은 단순히 교육을 통해서만 이루어진 것이 아니었다. 바로 사상통

백마를 타고 군대를 사열하는 쇼와 천황.

제의 영향도 컸다. 제국 일본은 천황 숭배·일본 국민으로서의 자각을 저해하는 이른바 '위험 사상'을 걸러내고자 했다.

　민중항쟁과 변혁운동에 위기감을 느낀 제국의 지도부는 폭력으로 '위험 사상'을 탄압했다. 천황이나 황족 암살을 꾀하는 대역사건大逆事件*과 노농쟁의, 민중항쟁의 배후에는 사회주의나 무정부주의, 조선독립론과 같은 위험 사상이 깊게 뿌리내려 있다고 진단했던 것이다.

---

*　1910년 천황을 암살하려 했다는 혐의로 26명의 사회주의자들이 사형되거나 투옥된 고토쿠 사건幸德事件, 1923년 히로히토 황태자를 산탄총으로 저격하려 했던 노라노몬 사건虎ノ門事件, 같은 해 조선인 무정부주의자 박열과 그의 연인 가네코 후미코가 천황 부자를 폭살시키려 했다는 혐의로 체포된 박열 사건, 1932년 한인애국단 소속 이봉창이 천황에게 수류탄을 투척한 사쿠라다몬 사건桜田門事件 등이 대표적인 대역사건으로 거론된다.

일본 사회에서 저항적 사상이 기지개를 켜게 된 데에는, 일본 민중의 항쟁이 유혈 진압된 1918년의 쌀소동 영향이 컸다. 굶주리다 못해 시위에 나선 국민을 향해, 신성하게 생각되던 군과 경찰이 방아쇠를 당기고 총검을 휘두른 사태는 많은 이에게 충격을 주었다. 학생들과 지식인들은 이 같은 시대의 흐름 속에서 문제의식을 갖고 돌파구를 모색하고자 했다.

아이러니하게도 제국 체제에 문제의식을 느끼게 된 학생·지식인층의 형성은 제국 체제의 첫걸음인 메이지유신이 있었기에 가능했다. 메이지 정부는 막부가 무너진 이후 서구 열강을 따라잡기 위해 근대적인 교육 체계를 수립하는 데 열을 올렸다. 신분질서 너머로 주어진 새로운 기회 아래서 학생들은 치열한 경쟁을 거쳤고, 그중 소수가 관립고등학교나 제국대학에 입학했다. 이들은 자타가 공인하는 제국 일본의 차세대 지도자로 간주됐고, 자부심과 사명감으로 똘똘 뭉쳤다. 이런 학생들에게 제국의 국방과 질서를 수호하는 '신성한' 군대와 경찰이 '사악한 권신과 재벌'을 위해 자국민을 살해하는 사태는 도저히 이해할 수도 없고 묵과할 수도 없는 것이었다. 변혁에 목말랐던 이들이 민주주의, 자유주의, 공산주의, 사회주의, 국가개조론과 같은 새로운 사상에 눈을 뜬 것은 당연한 귀결이었다.

학생들은 적극적으로 목소리를 냈다. 불온사상을 유포하는 교수나 재야 지식인들에게 협박과 테러를 일삼던 극우단체들조차 학생들의 성원으로 달아오른 연설회에서는 감히 폭력을 행사하지 못했다. 자신감을 얻은 학생들은 개별적인 집회 참가를 넘어 점차 조직화를 시도했다. 1918년 12월, 도쿄제국대학

법학부 학생들을 중심으로 창립된 동대신인회東大新人会는 아주 도전적인 두 개의 강령을 세상에 발표하기에 이른다. 그 내용은 다음과 같다.

1. 우리는 세계의 문화적 대세인 인간해방에 협조하고 그것을 촉진하는 데 노력한다.
2. 우리는 현대 일본의 합리적 개혁운동에 종사한다.

특권층의 철밥통인 귀족원의 폐지, 군부 폭주를 정당화하는 통수권의 폐지 등을 골자로 하는 기존의 민주주의적 요구를 넘어, 학생들은 더욱 과감하고 급진적으로 행동했다. 천황제 폐지나 식민지 해방(혹은 자치권 인정)을 주장하는 목소리도 나왔다. 이들 사이에 신봉되던 이론은 엇갈렸지만, 일본을 뿌리부터 변혁해야 한다는 문제의식만큼은 일치했다. 이 '운동권' 학생들은 차차 성장하여 학계와 정계에서 두각을 드러냈다.

제국의 지도자들은 이 '붉은 역병'이 점차 확산하는 모양새를 국가적 위기로 판단했다. 결국 1925년에 치안유지법이 제정됐다. 이 시점부터 국가는 공식적으로 위험 사상을 탄압하는 데 팔을 걷어붙였다. 사상 문제를 전문적으로 단속하는 특별고등경찰(이하 '특고경찰')의 감시는 사회 전반에 미쳤다. 천황제를 부정하는 아카ぁか(빨갱이), 국민도덕을 흐트러뜨리는 서구의 오염된 철학, 식민지 독립운동 등 사상과 관계된 광범위한 현안들에 특고경찰의 칼날이 향했다.

특고경찰이 단순한 의심만으로 현장에서 일반 시민을 구

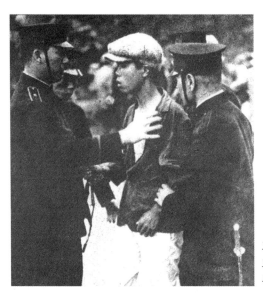

노동절 시위에 참여한
노동자를 수색하는
특별고등경찰.

타하는 것은 놀라운 일도 아니었다. 특히 당시 일본인들에게 가
장 큰 공포로 다가왔던 것은, 특고경찰에게 연행돼 받게 될 끔
찍한 고문이었다. 특고경찰은 어떻게 하면 효과적으로 불온사
상을 박멸할 수 있을지 궁리했고, 차차 노하우가 쌓이면서 투옥
과 고문만이 능사는 아니라는 것을 깨달았다.

　뜻밖에도 이 지점에서 일본의 대중음식 오야코동親子丼이
등장한다. 오야코동은 스시나 타코야키 등과 함께 일본을 대표
하는 요리로 손꼽히는 대중음식이다. 간장을 바탕으로 밥 위에
달걀, 닭고기, 양파 등이 어우러진 오야코동은 고급 식당에서
부터 슈퍼 매대에 비치된 저렴한 도시락에 이르기까지 다양한
형태로 일본인들의 한 끼를 책임지고 있다. 2010년대 이후로는
한국에서도 결코 낯선 음식이 아니다. 이 오야코동이 한때는 사

상범을 다루는 데 활용된 도구였던 것이다.

츠루미 슌스케鶴見俊輔 도쿄대 교수가 1982년에 펴낸《전시기 일본의 정신사戰時期日本の精神史》에는 사상 탄압과 오야코동에 얽힌 이야기가 자세히 기술되어 있다. 치안유지법의 입안자 중한 사람이었던 이케다 카츠池田克 검사는 사상범을 좀 더 효과적으로 전향시키기 위한 교본을 만들었는데, 오야코동은 이 전향교본에서 중요한 도구 중 하나로 언급된다.

이케다가 논하는 오야코동 활용법은 간단하다. 경찰서장은 억류된 장소에서 사상범을 불러 집무실의 서장 자리에 편하게 앉힌다. 이후 주머니에서 돈을 꺼내 외부 음식점의 오야코동을 주문하고 그것을 사상범에게 먹인다. 고문과 병행되는 유화책은 일제강점기와 군부독재를 겪었던 한국인들에게도 익숙한이야기다.

하지만 왜 하필 그 도구로 오야코동이 제시된 것일까? 오야코동을 한국어로 번역하면 '부모자식덮밥'이 된다. 닭과 달걀, 즉 부모와 자식이 음식의 주재료이기 때문이다. 이 '부모자식덮밥'을 먹으며 사상범으로 하여금 자연스럽게 부모와 가족을 떠올리게 하는 것이 전향 매뉴얼의 의도였다. 매뉴얼에는 사상범이 오야코동을 먹을 동안 정치 문제에 대해서는 일절 언급하지 말 것을 강조한다. 마찬가지로 아버지에 대해서도 논하지말라고 강조한다. 권위에 반감을 품은 학생들에게는 역효과를부를 수 있기 때문이다. 매뉴얼이 경찰서장에게 요구하는 것은오직 하나의 문장이다. "자네의 어머니께서 많이 걱정하고 계실 텐데……"

제국 일본의 지도자들이 소원한 바와 같이 1930년대로 접어들면서 사상범들의 기세는 크게 꺾였다. 1933년 6월 10일에는 사노 마나부佐野学,[*] 나베야마 사다치카鍋山貞親[**] 등 옥중의 공산당 지도자들이 '천황제 폐지' '식민지를 비롯한 모든 민족의 자치' '만주사변을 비롯한 일본의 침략 정책 반대' 등을 골자로 하던 기존 주장들을 철회하는 전향선언을 발표했다. 이후 3년간 사상범 중 74퍼센트가 전향했고, 26퍼센트만이 기존의 신념을 지켰다.

츠루미 교수는 상기의 전향 통계와 더불어 1943년 정부 발표를 인용해 이들이 전향한 이유를 다음과 같이 소개한다. 여기에 따르면, '가정 관계'로 전향을 선택한 사상범은 전체의 26.92퍼센트에 달한다. 이는 물리적 폭력이 전향을 이끌어낸 요인임을 나타내는 '구금에 의한 후회'(14.41퍼센트)를 크게 웃도는 수치다. 물론 만주사변 이후의 국가주의 광풍을 비롯해 사상범들이 전향하게 된 배경에는 복합적인 요소가 작용했다. 다만 이 대목에서 가족애를 자극해 전향을 추진했던 사상 탄압 방식이 크게 유효했음을 엿볼 수 있다.

---

[*] 1892~1953. 일본의 사회주의 운동가. 일본공산당 중앙위원장을 지냈다. 코민테른의 지원을 받아 당과 노동운동을 지도했으나 1929년 6월 상하이에서 검거되었고 치안유지법 위반 혐의로 1932년에 무기징역을 선고받았다. 이후 소련과의 절연, 천황제 수용, 만주사변 지지 등을 골자로 하는 전향서를 발표하여 징역 15년형으로 감형되었고, 1943년에 출소했다. 전쟁이 끝난 후 사망할 때까지 반소·반공 입장을 유지했다.

[**] 1901~1979. 일본의 사회주의 운동가. 소년공 출신으로 일본공산당 간부 지위에 이르렀으나 1929년 검거되었고, 사노 마나부와 함께 전향서를 발표했다. 전쟁 이후에는 반공주의적 입장을 견지하며 우파 노동운동에 관여했다.

이 같은 시대적 상황 속에서 전향은 학생층 사이에 널리 쓰이는 유행어가 됐다. 이로써 목소리를 내는 시민이 아닌 복종하는 '신민'만이 남게 되었다. 이런 사회의 말로는 참담했다. 군부는 자기 자신의 출세와 보신을 위해 일본이라는 나라를 전란의 수렁으로 끌고 갔지만, 그 누구도 그들의 폭주를 막을 수 없었다. 즉 이들을 견제할 세력이 없었던 것이다. 제국의 질서를 지키기 위해 벌였다는 '사상 탄압'이 결과적으로는 제국의 파멸에 일조한 셈이었다.

한편, 치안유지법과 오야코동 전향 매뉴얼을 만든 이케다 카츠는 패전 직후인 1946년 8월 그동안의 사상 탄압 경력이 문제시돼 공직에서 추방됐다. 그러나 이후 냉전이 본격화되고 반공 질서가 새로 수립되면서 이케다를 비롯해 사상 탄압 문제로 쫓겨났던 검경은 새로운 기회를 얻을 수 있었다. 1952년에 복권된 그는 2년 뒤 최고재판소 판사에까지 오르며 승승장구했다.

고등계 경찰이라는 직함을 달고서 식민지 조선에서 사상 탄압에 종사하던 이들 역시 냉전 질서 아래서 새로운 기회를 잡았다. 대한민국 정부 수립 후 결성된 반민특위에서는 고등경찰과 헌병 출신들을 체포해 이른바 민족반역의 죄를 묻고자 했으나, 정작 대통령 이승만은 '반공 기술자들을 너무 가혹하게 다룬다'며 불만을 표하고 노골적으로 반민특위 활동을 방해했다.[16] 고문 취조로 악명 높았던 노덕술, 하판락, 김덕기 등은 정권의 비호 아래 심판을 피할 수 있었고, 심지어는 출세가도를 달리기도 했다. 고문 경찰의 역사는 1980년대 독재정권에까지 이어졌고, 사상 탄압의 역사 역시 어떤 의미에서 현재진행형이라고 할 수 있다. 사상 탄압의 어두운 역사는 냉전의 소용돌이 속에서 끝내 청산되지 못한 것이다.

이렇듯 제국 시대 내내 폭력적인 사상 탄압은 사회 전반을 강하게 옥죄었다. 그러므로 기시 씨나 히로토 씨와 같은 당대의 젊은이들 역시 이러한 사상통제를 피할 수 없었다. 가령 기시 씨는 자신이 체험한 반공교육에 대해서 이렇게 이야기한다.

박: 당시에 반공교육이 있었지요?

기시: 역시 있었죠. 그러니까 옛날 어렸을 때, 공산주의는 안 된다고 모두 윗분들로부터 말씀을 듣곤 했죠.

박: 그건 공산주의자들이 천황제를 부정하기 때문입니까?

기시: 그렇죠, 역시.

박: 공산당은 종전 후에야 합법화된 것이죠?

기시: 네, 그렇습니다.

박: 공산당에 대해서는 어떤 이미지를 갖고 계셨습니까?

기시: 지금도 그렇습니다만, 공산당이라고 하면 별로 좋은 느낌은 없습니다.

물론 공산당에 대한 기시 씨의 평가는 지극히 개인적인 의견이다. 다만 기시 씨가 공산주의자들의 천황제 부정을 일본의 전통 부정으로 받아들인 것은 제국 시대 반공 정책의 영향을 받아서일 것이다.

당시 사상통제는 단순한 교육에 그치지 않고 물리적 탄압으로도 이어졌다. 기시 씨는 제국 체제에서 사상 탄압 임무를 담당한 특고경찰과 헌병대를 언급하면서, 자신 역시 해군비행예과연습생(이하 '요카렌')으로 입대하기 전 특고경찰의 조사 대상자가 된 경험이 있다고 이야기한다.

박: 자료를 보면 당시 일본은 공산주의라든지 사회주의 등을 탄압하는 특고경찰이라는 것이 있었다고 들었습니다.

기시: 네, 특고가 있었습니다. 특고경찰은요, 무서웠어요.

박: 당시 특고경찰이 무서운 이미지였나요?

기시: 네, 무서웠어요. 좋든 싫든 걸리기만 하면 금방 당해버리고 말아요. 거기에 공산당이라고 하면 진짜 한 방에 끌고 갈 거예요. 그러니까 공산당은 별로…… 우리 집에도 제가 입대할 때 조사하러 나왔어요. 특고가 저에 관한 건 전부 조사해갔어요. 우리 어머니가 "경찰분이 와서 뭔가 여러 가지 조사하고 갔어"라고 말씀하시길래 "그건 특고야"라고 했죠, 사상은 확실히 조사해요. 그래서 정말 괜찮다고 여겨지면……

기시 씨가 특고경찰의 조사 대상이 된 까닭은 요카렌에 지원했기 때문이었다. 당시 제국 일본은 모든 국민에게 국체사상을 축으로 하는 황민화 교육을 실시하는 한편, 전쟁 수행에 큰 역할이 기대되는 국민을 대상으로는 강력한 사상 검증을 실시했다.

사상통제는 정보의 검열로도 이루어졌다. 히로토 씨는 제국 일본이 미국과 영국 등을 상대로 개전했던 시기인 1941년 주오대학 법학부에 입학했다. 대학생이 된 히로토 씨는 일반 국민보다 폭넓은 학습의 기회를 얻었지만, 제국 일본에서 위험시되었던 사상에 관해서는 어떤 정보도 얻을 수 없었다.

우리 시대는요, 공산주의는 물론 사회주의라는 말 자체가 이미 일체 말살되어 있었어요. 그러니까 1934~1935년 즈음에 이미 미노베 씨의 기관설*이 있었지요. 그 기관설만 해도…… 우리가 법학부에 갔을 때는 이미 미노베 씨의 책이 일절 유통되지 않았습니다. 금지되어버린 것이죠. 저는 아무것도 몰랐어요. 논의 대상조차 되지 못한 겁니다, 이미. 그러니까 기관설이 어떤 건지도 모르죠. 아무도 안 가르쳐주니까. 그렇죠? 그래서 저는 미노베 씨가 어떤 말을 했는지조차 잘 알지 못한 것입니다.

공산주의나 사회주의라는 말 자체가 이미 '말살'되었다고 하는 히로토 씨의 이야기는, 이른바 위험 사상에 대한 정보가 이미 철저하게 차단되었던 당시의 현실을 보여준다. 특히 일본 법학의 권위자였던 미노베 다츠키치美濃部達吉 교수의 저작을 법학도가 된 히로토 씨조차 접할 수 없었다는 점은 국체사상을 중심으로 한 사상통제가 얼마나 철저하게 이루어졌는지를 알 수 있다. 일단 국체에 위해가 되는 것으로 판명되면 아무리 전공자

---

* 일본의 헌법학자 미노베 다츠키치가 주장한 천황기관설天皇機關說을 말한다. 통치권의 주체로서 천황의 존재를 부정하고, 천황을 헌법의 틀 안에 있는 '하나의 국가기관'으로 해석했다. 1930년대 중반 일본 사회에 국체사상이 강화되면서 천황기관설은 불경 사상으로 간주돼 배격 대상이 되었다.

라 할지라도 그 문헌에 접근조차 할 수 없었던 것이다.

이와 같이 천황에 충성하는 황국신민을 빚어내는 작업은 광범위한 영역에서 강도 높게 실시되었다. 그 과정에서 만들어진 황국신민은 천황과 나라를 위해 목숨 바쳐 싸울 것을 요구받았다.

입대,
죽음의 운명공동체

만주사변, 15년 전쟁의 서막

국체사상을 '내면화'시키는 환경에서 자란 기시 씨와 히로토 씨. 그들은 곧 조국 일본이 만주사변 이래 10년 넘게 치르고 있던 대외전쟁에 동원되었다.[*]

1931년 9월 18일, 중국 관둥저우關東州[**] 류탸오후柳条湖 인근의 남만주 철도노선이 일본 관동군의 자작극으로 폭파됐다. 폭발로 인한 인명 피해는 없었지만, 이미 만주 병탄을 결심했던 관동군은 이 사건을 구실로 펑톈 군벌의 북대영北大営을 공격했다.

---

[*] 일본의 징병제도: 1873년 육군성에서 발령한 징병령을 전부 개정하는 형태로 1927년 4월 1일에 병역법이 공포되어 같은 해 12월 1일에 시행되었다. 병역법 제1조에 의해 원칙적으로 모든 제국 신민 남성에게 병역 의무가 부과되었으며 20세가 되면 징병검사를 받게 되었다. 17세부터 자원 입대하는 것도 가능했으며, 대학생의 경우는 졸업까지 징병이 유예되었다. 징병검사 합격자는 육군에 징병되었으며, 해군은 기본적으로 지원을 원칙으로 했다. 복무 기간은 육해군의 각 제도에 따라 달랐으며, 예비병역, 후비병역, 보충병역, 국민병역에 있는 자들 역시 전시에는 소집 대상으로 설정되었다. 전황이 악화되면서 징병검사 합격 기준은 현저히 낮아졌으며 해군 역시 징병을 실시하게 되었다. 전쟁 말기에 이르면 입대 가능 연령은 14세로까지 낮아졌으며 법문과 대학생에 대한 징병유예 혜택 역시 폐지되었다. 일본의 징병제도는 패전 직후인 1945년 11월 17일 폐지되었다.
제국 일본의 통치하에 놓였던 조선에서는 중일전쟁이 본격화되고 있던 1938년부터 육군특별지원병제가 도입되었다. 이후 1943년에는 해군에서도 지원병을 모집하기 시작했으며, 전쟁 말기인 1944년부터는 징병제가 실시되었다. 대만에서는 1942년과 1943년에 육군과 해군이 각각 특별지원제를 실시하기 시작했다. 대만에서의 징병제는 섬이 격전지가 될 가능성이 높아진 1945년부터 실시되었다.

[**] 러일전쟁 이후 일본이 러시아로부터 넘겨받은 랴오둥반도의 조차지.

1932년 진저우에 입성하는 관동군.

평톈성奉天省과 지린성吉林省의 철도를 따라 침공을 개시한 관동군은 지역 유지들에게 평톈 군벌로부터 독립을 선언시키며 승기를 잡아갔다. 평톈 군벌은 국민당 중앙정부에 이어 중국에서 두 번째로 큰 군사력을 보유하고 있었고, 항공기와 같은 일부 무기 체계 면에서는 오히려 중앙군 이상의 규모를 자랑했다. 하지만 군벌의 지도자였던 장쉐량張學良의 오판으로 반격의 적기를 놓치면서 무력하게 궤멸됐다. 1932년 1월, 평톈 군벌의 군사 거점이었던 진저우錦州까지 함락한 관동군의 눈에는 이제 거칠 것이 없었다. 그다음 달 관동군은 '신국가 건설 막료회의'를 열고 노골적으로 괴뢰국 건국 작업에 착수했다.

만주사변을 주도한 관동군 작전주임참모 이시와라 간지石原莞爾 중좌는 일본군이 만주를 직접 군사 점령하고 총독부를 설치해 조선·대만과 같이 식민통치를 실시하는 안을 구상했다. 그러나 조선이나 대만을 병탄하는 것과 만주를 병탄하는 것은 전혀 다른 문제였다. 일본군의 직접 점령이 사변의 수습을 더욱 어렵게 할 것이라는 점은 불을 보듯 뻔했다.

무엇보다 중국에 각종 이권을 보유하고 있던 열강들이 일본의 만주 병탄을 그대로 묵과할 리 없었다. 만주 병탄이 곤란하다는 판단이 서자 이시와라는 원안에서 한발 물러서 '만몽문제해결방책満蒙問題解決方策'을 제시했다. 이시와라가 제시한 방책이란, 지난날 강제 퇴위되었던 청나라 선통제宣統帝 푸이溥儀를 지도자로 삼고 펑톈 군벌 인사들을 등용해 새 정권을 수립한다는 발상이었다. 선통제 푸이는 청 황실의 우대조치가 폐지되고 난 뒤 온갖 굴욕과 박대를 감내하고 있었고, 관동군은 국제사회의 눈을 속일 괴뢰정권의 간판이 필요했으므로 일단 이들의 이해관계는 일치했다.

1932년 3월 1일, 만주국의 건국이 선포됐고 선통제 푸이는 새로운 국가의 집정으로 취임했다. 같은 해 9월 1일, 제국 일본은 정식으로 만주국을 승인했다. 이시와라가 보기에 만주는 장차 벌어질 총력전에서 승리하기 위해 일본이 반드시 확보해야 하는 권역이었다. 그러므로 그에게 만주국 건국은 일본이 '세계최종전쟁' 승리에 한 발짝 더 다가간 역사적인 순간이었다.

그러나 만주사변은 이시와라가 계산하지 못한 두 가지 중요한 사태를 초래했다. 그것은 바로 중국인들의 완강한 저항과

만주사변을 계획하고 실행한
이시와라 간지(1934년 모습).
세계최종전쟁을 주장했던 그는
전후 연합국의 심문을 받았지만
기소되지 않았고, 1949년 폐렴
합병증으로 사망했다.

만주국 황제 푸이.

군 과격파 장교들의 제어할 수 없는 폭주였다. 일본군과 만주국에 대한 중국인들의 저항은 예상을 아득히 뛰어넘는 수준으로 격렬했다. 관동군 헌병대는 5만 명에 불과했던 항일 세력이 만주사변 직후 4배 이상 뛴 22만 명에 달하게 됐다고 진단했다. 일본군은 기존 군벌 및 토착 세력을 포섭하고 만주국의 중앙집권화 정책을 펼치는 것으로 사태를 수습하려 했지만, 저항은 좀처럼 누그러지지 않았다. 특히 부농 등 지역 유지들의 세력이 강한 독립적 시장권역 툰屯에서의 저항이 완강했다. 툰의 지도자 중 일본에 포섭되지 않은 이들은 관동군과 만주국의 중앙집권화 정책이 자신들의 기득권을 위협한다고 보고 지역민들을 무장시켜 투쟁을 벌이기에 이르렀다. 만주와는 떨어진 중국 대륙에서도 역시 항일의식이 고조되어갔다.

일본군은 중국인들의 저항을 분쇄하기 위해 관동군의 규모를 확대함과 동시에, 관동군을 보조할 만주국군을 창군했다. 사실상 만주국의 지배자가 된 관동군은 일본 본국에서조차 쉽게 통제할 수 없었다. 본국의 승인 없이 강행했던 만주사변이 성공하자 이들은 더욱더 대담하고 노골적인 도발을 획책하며 대륙 침략을 추진했다. 이들은 몽골, 화베이華北 지역에서의 사소한 분쟁을 대규모 회전으로 확전시키며 끊임없이 전면전을 획책했고, 이는 결국 1937년 중일전쟁으로 이어지게 되었다.

그들에게 전쟁은 기회였다

중일전쟁의 시발점이 된 루거우차오蘆溝橋 사건*은 애당초 병사 1명의 미복귀에서 비롯된 우발적인 군사 충돌에 지나지 않았다. 그러나 중국군의 위협을 의도적으로 과장한 일본 군부는 대규모 병력을 증파해 사태를 전면전으로 확대시켰다. 일본군에 대한 항전이 현실적으로 어렵다는 것을 인지한 중화민국에서는 거듭 양보의 뜻을 타진했고, 중국에 이권을 갖고 있던 서구 열강들 역시 전쟁에 반대하며 중재를 시도했지만, 자신감에 부풀어 있던 제국 일본의 과격파들은 중화민국 정부를 말살하겠다는 완강한 태도를 고수하며 평화적 해결의 끈을 잘라버렸다.

사소한 분쟁으로 시작된 중일 간의 싸움은 전면전으로 치닫게 되었다. 중화민국의 수도 난징까지 함락시킨 일본군은 거칠 것 없이 내륙으로 진격하며 중화민국을 압박했다. 그러나 침략에 맞서 결사항전할 것을 결의한 중화민국 정부는 잇따른 패배에도 불구하고 저항을 멈추지 않았다. 전국은 수렁에 빠졌다.

---

* 1937년 7월 7일에 중화민국 베이징(당시 지명 베이핑) 서남 방향 루거우차오에서 지나주둔군(일본군)과 중국국민혁명군 제29군이 충돌한 사건이다. 당일 야간 훈련 중이던 일본군 중대에서 총성과 함께 병사 한 명이 실종되는 사건이 발생하자 일본군은 중국군 주둔 지역으로 수색을 벌이고자 했다. 중국군이 이를 거부하자 일본군은 다음 날 새벽부터 중국군에 대한 공격을 시작했다. 충돌의 계기가 된 실종 병사가 아무 문제 없이 복귀했음에도 일본군은 중국군의 사죄와 반일운동 일소를 요구했고, 결국 협상이 결렬되면서 사태는 중일 간의 전면전으로 확대되었다.

루거우차오 사건이 벌어진 지 4년이 지난 1941년에도 제국 일본은 중화민국 정부를 굴복시키지 못했다. 수십만의 전사자가 발생했지만 달라진 것은 없었다. 전쟁은 완전히 교착 상태에 빠졌고, 일본의 국력으로는 중국을 완전히 정복할 수 없다는 것이 자명해진 상황이었다.

이 한계점 앞에서 제국 일본은 나치 독일에 무릎을 꿇은 프랑스·네덜란드 치하의 동남아 식민지로 눈을 돌렸다. 네덜란드령 인도네시아에는 물자 독점권을 요구했고, 프랑스령 인도차이나반도에는 아예 일본군 부대들을 진주시켰다.

일본군이 인도차이나반도를 접수한 것은 아시아에서 식민지를 경영하던 열강들에게 크나큰 위협으로 간주됐다. 이미 중일전쟁으로 중국의 소비시장과 각종 이권이 위협받고 있던 상황에서, 계속되는 일본의 침략 팽창은 도저히 묵과할 수 없는 것이었다. 이에 미국은 일본으로의 석유 및 철강 수출을 제한하고 국내 일본 자산을 동결하는 초강수를 뒀다. 1941년 8월의 일이었다.

전쟁 수행에 필수적인 물자 수급이 순식간에 막혀버려 패닉 상태에 빠진 일본을 향해 미국은 중일전쟁의 종결을 요구했다. 금수조치가 풀리지 않는 이상 중일전쟁을 계속하는 것은 불가능에 가깝고, 금수조치를 풀기 위해서는 중국에서 철군해야 하는 딜레마가 제국 일본의 지도자들 앞에 놓여 있었다. 답을 찾기 위해 방황하던 그들은 전혀 엉뚱한 방향에서 타개책을 구하게 된다. 그것은 바로 미국과 영국을 상대로 한 새로운 전쟁의 개전이었다. 금수조치로 자원 수급이 막힌 상황에서, 이들은 서구 열강의 식민지를 강탈해 자원을 확보한 뒤 궁극적으로 중일전쟁의 승리를 도모하고자 한 것이다.

육군대신 도조 히데키東條英機 대장은 미국의 금수조치 이후 중일전쟁의 종결이 의제로 떠오르자 "중국에서 육군을 철군시키면 완전히 흐트러져 통제할 수 없게 될 것"이라고 중신들을 위협했다. '육군을 통제할 수 없게 된다'는 발언은 육군에 의한 정변의 가능성을 내비친 것이었다. 이미 2·26사건과 같은 군사정변의 선례가 있었던 상황이라 이 같은 위협은 전혀 허언으로 받아들여지지 않았다.

내각의 승인 없이 일선 부대의 자의적 발포로 시작됐던 중일전쟁은 육군 세력을 더욱 강력하게 만들었다. 육군은 자신들의 이 지위를 지키기 위해 상당한 출혈을 감내하면서도 중국에서 전쟁을 지속했다. 그랬기에 미국의 요구대로 중국에서 순순히 물러날 생각은 없었다. 오히려 그 굴욕적 요구를 내건 미국을 응징해 힘으로 금수조치를 풀어야 한다는 발상까지 하기에 이르렀다. 중일전쟁을 계속해야 한다는 이런 육군의 집착은 향후 국가의 운명까지 뒤흔들게 된다.

해군의 셈법은 다소 복잡했다. 개전 계획이 엉성하며 현실성이 없다는 지적이 해군 내에서 많이 나오기도 했지만, 정작 해군 군령부 총장 나가노 오사미永野修身 대장은 쇼와 천황(히로히토)에게 개전 찬성의 뜻을 밝혔다. 나가노는 "해군이 전쟁에 반대하면 육군과 우익이 내란을 일으킬 것"이라며 "어차피 해야 하는 전쟁이라면 조금이라도 유리한 시기에 시작해야 한다"는 변을 측근에게 남겼다. 국운이 걸린 절체절명의 상황에서,

해군은 국가의 앞날을 걱정하기보다 새롭게 시작될 전쟁을 통해 자신들의 보신책을 강구했던 것이다.

지상전이 중심이 된 중일전쟁에서 해군이 활약할 기회는 없었다. 결과적으로 해군은 중일전쟁 내내 육군에 밀려 찬밥 신세를 면치 못했다. 바다가 주전장이 될 새로운 전쟁은 해군의 주가를 올릴 좋은 기회였다. 태평양전쟁이 시작된 1941년, 해군에 배정된 예산은 전년도의 두 배로 껑충 뛰어올랐다. 해군 군령부와 정치계를 분주히 오가던 해군 과격파들은 '미국에 최대한 타격을 입혀 최대한 빠르게 전쟁을 끝내면 된다'는 안일한 사고방식으로 전쟁 개시를 위해 분주히 움직였다. 그들에게 전쟁은 기회였다.

모든 것은 순조로운 듯 보였다. 현지 시각 12월 7일 일요일 새벽, 일본 해군은 항공모함 6척과 350기의 함재기를 이끌고 미국 태평양 함대의 본거지 하와이를 습격했다. 이른바 진주만 공습. 일본 측의 늦어진 선전포고 탓에, 미군은 무방비 상태로 대규모 공습을 얻어맞게 되었다. 결과는 재앙적이었다. 해상 전력의 핵심이라고 할 수 있는 전함 4척이 격침되었고, 그 외에도 크고 작은 함선들이 격침되거나 혹은 심한 손상을 입었다. 항공 전력의 손실 역시 심각했다. 미군은 이날 188기의 항공기를 잃었다. 미군 2,334명, 민간인 68명이 공습으로 사망하는 동안, 일본군은 29기의 항공기를 잃고 64명의 전사자를 냈다. 애초의 예상을 아득히 상회하는 전과를 거둔 일본군은 이를 대대적으로 선전하며 국민들의 열광을 이끌어냈다.

진주만공습 이후로도 연전연승이 이어졌다. 진주만공습으

일본군의 포로가 된
싱가포르의 영국군 수비대.

1941년 12월 7일 일본의 습격을 받은
미국의 USS 애리조나호가 침몰하고 있다.

너희는 죽으면 야스쿠니에 간다

로부터 이틀 뒤, 일본 해군 항공대는 최신예 전함 프린스 오브 웨일즈HMS Prince of Wales를 주축으로 하던 영국 동양함대를 말레이해전에서 궤멸시켰다. 한때 세계 최강을 자부했던 영국 해군은 아시아에서 축출되었다. 거칠 것이 없어진 일본군은 순식간에 영국령 말레이반도와 네덜란드령 인도네시아, 미국령 필리핀을 일장기 아래 두게 되었다. 이들은 자신들의 전쟁을 '대동아전쟁'으로 명명하고서, 아시아를 서구 열강으로부터 완전히 해방하겠노라고 호언장담했다. 백인 침략자들을 동양에서 축출한다는 자극적인 프로파간다는 중일전쟁의 교착에 피로감을 느끼던 국민을 다시금 흥분시키기에 충분했다.

히로토 씨는 승전보가 계속되던 당시의 상황을 이렇게 회상했다.

정보통제가 있었으니까요. '이겼다, 이겼다'라는 보도 외에는 정보가 없었잖아요? 처음에 태평양전쟁이 시작되고, 12월 8일이었나? 어디 어디 점령했다는 보도가 나오면, 일본이 강하구나, 정말 대단하구나, 하고 생각했습니다. 하와이 호놀룰루에서 미군 전함 여러 척을 박살 냈다고. 대단하구나 하고. 이렇게나 강하니까, 세계를 정복할 수도 있겠다고 생각했습니다. 뭐, 물론 그렇게 될 리는 없겠지만. 나치가 파리를 점령했다고 하니, 일본도 거기에 편승할 수 있지 않을까 싶었습니다. 나치가 유럽의 패권을 쥐었으니 일본은 동양의 패권을 쥘수 있지 않을까 하고요. 그런 기분이 한때나마 들기도 했습니다. 하지만 그건 아주 짧은 시기였지요.

연합군이 전열을 가다듬고 반격에 돌입하면서, 희망적이던 전세에 먹구름이 드리워졌다. 1942년 6월 미드웨이해전에서 대패했고, 뒤이어 벌어진 과달카날 전역의 재앙은 일본군의 승기를 완전히 꺾어버렸다. 일본의 국력으로는 주적인 미국의 생산량을 따라갈 수 없었다. 치명적인 패배와 보충 불가능한 손실이 반복되는 가운데, 일본의 국운은 나락으로 떨어지고 있었다. 이런 상황에서도 전쟁 지도자들은 국민의 생명을 포함한 국가의 모든 것을 쥐어짜 어떻게든 전쟁을 이어가고자 했다.

총력전 시대, 죽음의 운명공동체

내가 만난 인터뷰이들 역시 그 절망적인 동원의 마수에서 예외가 될 수는 없었다. 그렇다면 이들은 어떤 경위로 입대에서 참전에 이르게 된 것일까. 그리고 그 격랑 속에서 국체사상이라는 집합의식은 이들에게 어떻게 작용했으며, 이들의 개인의식은 어떻게 동요하게 됐을까.

기시 씨는 1943년 여름 요카렌에 지원했다. 기시 씨가 기꺼이 요카렌에 지원하게 된 동기는 크게 두 가지였다. 하나는 학교 등에 부착된 포스터를 보고 든 동경, 다른 하나는 당시 제국 일본의 중요한 전쟁 지도자 중 한 사람이었던 야마모토 이소로쿠山本五十六 대장의 전사.

기시 씨는 당시 학교 친구들이 모두 일본이 전쟁에서 우세하다고 믿었다고 했다. 일본이 '아직은 조금 이기고 있다'고 믿

해군비행예과연습생으로
입대하기 직전의 기시 우이치 씨.

연합함대사령장관으로서
제국 일본의 주요 전쟁
지도자 중 한 사람이었던
야마모토 이소로쿠. 그는
진주만공습을 성공시켜
일약 영웅이 되었으나,
1943년 미군기의 습격을
받고 사망했다. 기시 씨는
야마모토 이소로쿠의
전사 소식을 듣고 입대를
결심했다.

진주만 상공을 비행하는 일본군 공격기.

었던 학생들은 학교에 부착된 포스터를 보고 흥분했다. 그들 사이에서는 "어이, 다들 못 갈 게 뭐냐?"는 호기 어린 발언들이 오갔다. 학교에서 포스터를 본 학생들 사이에서 군 지원에 관한 이야기가 나온 것은 학교에 애국주의와 긍정적 전쟁관이 팽배했던 시대상을 보여준다.

이러한 상황에서 전해진 야마모토 이소로쿠의 전사 소식은 기시 씨에게 출전해야 한다는 확신을 심어주었다. 연합함대 사령장관으로서 제국 일본의 주요 전쟁 지도자 중 한 사람이었던 야마모토 이소로쿠는 1943년 4월 18일 파푸아뉴기니의 부건빌섬 전선 시찰을 위해 수송기를 타고 이동하던 중 미군기의 습격을 받고 전사했다. 개전 당일 진주만공습을 성공으로 이끈 이래 국민들 사이에서 엄청난 인기를 구가하고 있던 그의 죽음은 일본인들을 슬픔에 잠기게 했다. 국민들이 받을 충격을 우려해 한동안 그의 전사 소식을 숨겼던 일본 정부는 화장된 그의 유골이 일본 본토에 도착하자 뒤늦게 대중에게 알렸고, 6월 5일에 국장을 치렀다.

기시 씨 역시 야마모토의 비보를 접하고서 다른 일본 국민들과 마찬가지로 충격과 슬픔에 빠졌다. 초여름의 무더위가 기승을 부리던 그때, 그는 입대를 결심했다.

기시: 정말, '아, 역시 야마모토 씨는 기쁘게 죽었구나'라고 생각했어요. 야마모토 씨는 이미 스스로 죽음을 각오하고 나간 것이니까요. 그러니까, 야마모토 씨가 돌아가시지 않았다면 더더욱 좋았겠지만, 야마모토 씨는 그것으로 만족하셨을 것이라 생각해요. 죽음을 선택하신 것이기 때문에, 이미 그분은······

박: 그때가 요카렌에 지원하셨을 때가 아닙니까?

기시: 그 당시군요.

박: 야마모토 씨가 사망하고 나서 지원하셨습니까?

기시: 딱 그 무렵이죠, 그러니까. "좋아! 내가 가줄게!"라고 했습니다.

박: 그러면 야마모토 씨의 죽음이 조금이라도 영향을 미쳤던 것이군요?

기시: 뭐, 상당히 있지요. 이제는 우리가 나가서 싸우지 않으면 안 된다고 생각했습니다.

야마모토에 대해 술회하는 기시 씨의 목소리에는 애잔함이 담뿍 묻어났다. 야마모토의 전사 소식을 듣고 "이제는 우리가 나가서 싸우지 않으면 안 된다"고 마음먹었다는 사실은, 기시 씨가 어릴 때부터 '폐하의 자식'으로서 '나라를 위해 죽을' 각오를 다졌다는 이야기와 연결된다.

물론 야마모토에 대한 기시 씨의 고평가가 전후에 접한 자료 등에 영향을 받았을 가능성은 존재한다. 그러나 야마모토의 전사가 당시 일본 사회에 던진 충격을 고려하면, 기시 씨가 요카렌에 지원하는 데 강력한 동기로 작용했다는 것은 사실로 여겨진다. 즉 야마모토의 전사는 당시까지만 해도 일본의 우세를 믿었던 기시 씨에게 '조국의 위기'를 인식시킨 계기가 되었다고 할 수 있다. 조국의 위기 앞에서 소년 기시 우이치는 자신이 전장으로 나가 싸워야 한다는 결의를 다지게 되었다. 위기에 직면한 조국을 위해 요카렌 지원을 선택한 기시 씨에게 국체를 근간으로 하는 일본은 '죽음의 운명공동체'였다.

'죽음의 운명공동체'는 역사사회학자 야마노우치 야스시山之内靖가 저서 《총력전 체제》(2015)에서 논한 개념이다. 야마노우치는 근대국가가 출범한 이후 전쟁 규모가 확대되었고 동시에 전쟁의 양상 역시 이전과는 근본적으로 다른 '총력전'으로 변화하게 된 사실을 강조한다. 두 차례의 세계대전은 총력전 시대의 도래를 알리는 대표적인 예이다.

총력전 시대의 도래에 따라, 전쟁은 "좁은 의미의 전선 전투"를 넘어 "국내 일상생활 전 영역의 동원"을 전제로 하게 되었다. 전쟁의 의미와 범위가 확대된 것이다. 이에 따라, 산업·교통·선전·수송 등의 제반 사항을 포괄하는 국내전선을 정부 관리가 기획하고 통제하는 과업이 "국가적 사업"이 되었다.[17] 즉 전쟁을 수행하기 위해서는 "일국 전체의 모든 자원—경제적·물질적 자원을 넘어 지적 능력, 판단력, 관리 능력, 전투 의욕을 구비한 인적자원, 거기에 더해, 그 인적자원을 제어하는 '선전 능력'이라는 새로운 자원"을 동원하는 것이 필요하게 된 것이다.[18]

전쟁에 대한 전 국민 규모의 동원이 전제됨에 따라, 참정권이나 의무를 지닌 존재로 정의되던 국민의 의미도 바뀌게 된다고 야마노우치는 논한다. 야마노우치에 따르면, "국민이라는 명칭"은 "적국 및 적국에 속하는 모든 사람과 구별되며, 그들과는 절대로 조화를 이룰 수 없는 문화적 가치를 공유하는 자, 전쟁에서 죽음의 운명을 공유하는 자"를 가리키게 되었다. 이렇듯 "운명공동체"로서의 정념이 구축됨에 따라, 내부에서 그 정체성을 공유할 수 없는 자는 윤리적으로 지탄받는 "비국민"으로 배척되었다.[19]

야마노우치는 "죽음의 운명적 평등성을 전제로 하는 국민주의적 이데올로기"가 세속 생활까지 지배하는 "사실상의 종교"가 됐다고 본다. 이 종교는 "정치적 권리로서의 민주주의라는 이상적 요청을 훨씬 뛰어넘는 감정적 동원력을 갖추고 있다"고 평가했다.[20] 이 지점에서 "죽음의 운명공동체로서 국민이라는 이데올로기 장치를 구사하는 것"은 "총력전 시대 중앙 관청의 엘리트들"의 과제로 자리매김하게 되었다.[21]

그들은 어떻게 입대하게 되었나

일본이라는 운명공동체를 위해 요카렌에 지원한 기시 씨는 1943년 8월 오사카의 이바라키茨城 소학교에서 1차 시험, 9월 구레吳의 오타케大竹 해병단*에서 2차 시험을 치르고 12월에 합격 통지를 받았다.

대학에 다니고 있던 히로토 씨 역시 야마모토 이소로쿠의 전사 소식을 듣던 즈음에 일본이 '비상사태'에 빠졌다는 것을 직감했다고 한다.

진주만공습 이후 반년 뒤에 미드웨이에서의 참패가 있었지만 우리는 전혀 알 수 없었어요. 몰랐어요. 야마모토 씨가 전사하셨다는 보도가 나고 나서야 '뭔가 잘못되었구나' 하고 느끼게 되었지요. 어떻게 전사했는지도 보도되지 않고 그저 전사했다는 사실만 보도되었죠.

생각은 점점 변하게 되었습니다. 진짜 상황을 알 수 없는, 극단적으로 말하자면 지우개가 판을 치는 그런 시대에서 살아왔던 것이죠. 그래서 사태의 진짜 의미가 무엇인지에 대해 고민하게 되었습니다.

그래서 학도출진 때는 알았던 것입니다. 전황이 나쁘니까 학도출진을 시키는 것이겠죠. 원래는 졸업하고 나서야 군대에 가게 되는데, 그 특권이 사라졌다는 것은 비상시국이 도래했

---

*   제국 시대 일본 해군의 신병 교육훈련 기관.

다는 것을 의미하는 것이죠.

야마모토 이소로쿠의 전사 소식을 듣고 군에 스스로 자원한 기시 씨의 사례와 비교하면, 히로토 씨의 출진 경위는 상당히 달랐다. 히로토 씨는 야마모토의 전사 소식을 듣고 일본이 위기에 빠졌다는 걸 직감하면서도, 지금까지 자신이 살던 세계의 정보가 진실된 것이었는지를 반문하게 되었다는 것이다. 그러나 성찰과 함께 이어진 회의감에도 불구하고 개인이 총력전 체제의 흐름을 거스를 수는 없었다.

> 히로토: 어떤 기분이었냐구요? 저기요, 기분이라 하면 말이죠, 그 당시로서는요. 당장 전쟁에 나가지 않을 수 없잖아요? 그래서 어떤 기분이냐고 물으셔도…… 난처하지만 의무니까요.
> 박: 아, 의무니까……
> 히로토: 네, 그렇죠? 옆 나라 한국에서도 그렇잖아요? 의무잖아요?
> 박: 네, 징병제가 있으니까요.
> 히로토: 의무니까, 기분 따위는 아무것도 없어요. 의무라구요.

히로토 씨는 대학생이었기 때문에 원래는 징집유예 대상이었다. 그러나 전황이 악화하면서 그 제도는 폐지되었고, 이에 따라 해군병과예비학생*으로 학도출진하게 되었다. 히로토 씨가 징집유예를 '특권'이라고 표현하며 학도출진으로 인해 그 특권을 잃어버렸다고 말한 것은, 당시 그가 느꼈던 상실감을 드러낸다. 즉 히로토 씨에게 출진은 자신의 의사와는 아무 상관이 없는 일이었던 것이다.

그렇지만 히로토 씨는 당시의 심정에 대해 개인의 "기분 따위는 아무것도 없다"라고 말하면서 자신의 출진이 '의무'였음을 강조했다. 즉 출전하는 것을 언젠가는 해야 할 국민에게 주어진 의무로 보았기에, 비록 자신의 의지에 의한 것이 아니었다고 해도 '입대'에 대한 심한 거부감은 없었다고 해석할 수 있다. 이러한 해석에서 보면, 국가 구성원들이 갖는 '국민'으로서의 자각이 전쟁 동원에서 발생하는 동요나 반발을 억제하는 기능을 했다고 할 수 있다.

입대 경위에 관한 기시 씨와 히로토 씨의 이야기에서 자원에 의한 입대든 징집에 의한 입대든 국체사상 교육으로 형성된 '일본인'으로서의 자각이 큰 영향을 미쳤다는 걸 알 수 있다. 물론 인간적인 감정 동요가 없을 수는 없었다. 바로 가족들에 대한 반응이 대표적이다.

---

*   일본 해군의 사관 양성 제도 중 하나. 1934년에 항공사관을 양성하는 '해군항공예비학생' 제도가 신설된 것을 시작으로, 1942년에는 일반 병과에도 확대 적용되었다. 대학·고등전문학교 재학 중인 지원자를 채용해 실무교육을 실시한 후 임용했다. 1943년 10월 1일, 도조 히데키 내각이 이공계와 교원양성계를 제외한 인문계 고등교육 기관의 재학생 징병 연기 조치를 철폐하는 '재학 징집 연기 임시 특례'를 발표하고 대규모 학도출진이 이루어짐에 따라 해군병과예비학생 제도에도 학도병들이 몰리게 되었다. 해군병과예비학생 채용 시험에 합격한 학도병들은 6개월간 해병단에서 기초교육을 받은 뒤, 병과에 따라 각 술과학교로 보내져 다시 6개월의 전문교육을 받게 되었다. 양성 과정 중 부적격자로 판명되거나 시험에 탈락할 경우 일반 수병으로 격하되었다.

기시 씨는 가족에게 알리지 않고 요카렌에 지원해 시험을 치렀다. 가족들이 그의 지원 사실을 알게 된 것은 요카렌 합격 통지서가 집에 도달하고 나서였다.

박: 요카렌에 지원했을 때 부모님께선 뭐라고 하셨습니까?

기시: 눈물을 흘리셨어요. 저는 가족들에게 말도 없이 지원했거든요. 그러니까 모두, 그 당시에는 대부분 말없이 원서를 내버리거든요. 그래서 시험 볼 때도, 시험이 몇 월 며칠에 있으니 오라는 공지가 와도 부모님은 모르세요. 말하지 않고 가버리니까…… 그래서 채용 통지가 오고 나서 알게 되신 것이죠. 음, '대일본제국 해군부서', 그 오른쪽에 '몇 월 며칠에 어디로 입교하라'고 쓰여 있는 통지가 온 것입니다. 그래서 가족들 입장에서는 "이게 뭐야?"라는 상황이 되어버린 것이죠. 참, 아버지가 보시고, 아버지는 뭐, 그런 게 남자잖아요. 그 점은…… 남동생은요, "형 해군 들어가?"라고 하길래 "채용 통지 왔으니까 간다"고 했죠. 그랬더니 엄마가 '와아' 하고 우시는 거예요. 제가 입대한다는 것을 알게 되시고 우시는데…… 이건 애처롭다고 생각했지만, 그래도 이미 가기로 되어 있는 이상 어쩔 수 없잖아요? 결정된 이상은, 이제.

기시 씨는 눈물을 흘리는 어머니를 보고 '애처롭다'는 감정이 들었다. 이는 기시 씨의 전쟁 체험에서 처음 나타나는 동요의 장면이었다. 제국 일본 사회에서 기대되었던 이상적인 입대 장면과는 상당히 다르기도 하다. 요카렌을 주제로 한 전시 선전

선전영화 〈결전의 대공으로〉
포스터(위)와 영화의 한 장면.
영화는 입대를 온 가족이
감격해하며 축하할 일로 묘사한다.

너희는 죽으면 야스쿠니에 간다

영화 〈결전의 대공으로決戰の大空へ〉에서 묘사된 주인공의 합격 통지 장면과 비교하면, 그 위화감은 더욱 현저하게 드러난다. 영화는 1943년 9월 16일에 개봉되었는데, 마침 기시 씨가 요카렌에 지원했을 무렵이다.

영화에서는 요카렌에 지원한 주인공이 자신의 합격 소식을 알리자 온 가족이 감격해하며 축하한다. 이 영화가 해군성의 지원과 검열을 받아 만들어진 전시 선전영화임을 감안하면, 제국의 전쟁 지도부는 출진을 앞두고 국민이 갖춰야 할 이상적인 모습을 영화에 담았을 것이다. 하지만 기시 씨의 이야기에서 드러나는 가족들의 심정은 영화와는 달리 감격보다는 오히려 슬픔과 당혹감에 가깝다. 즉 전쟁 지도부가 여러 선전매체를 통해 국민을 사상적으로 무장시키고자 했음에도 현실에서는 인간적 감정에 의한 개인의식의 동요가 존재할 수밖에 없었던 것이다.

학도출진에 나서게 된 히로토 씨의 경우도 가족들의 반응에서 개인의식이 동요하는 양상이 엿보인다.

박: 히로토 씨가 학도출진하셨을 때 가족들의 반응은 어땠나요?

히로토: ……'살아서 돌아오너라'……군요. 그렇지만 입 밖으로는 낼 수가 없었어요.

박: 아, 입 밖으로 못 내셨어요?

히로토: 네, 그럴 수 없었지만요, 살짝…… "너, 이 녀석 돌아오라"고. 그래서, "너 공부하고 싶었으니까, 공부할 수 있게끔 꼬박꼬박 이렇게 저금해놓았어. 그러니까 학비가 있다고 생

각하고 돌아와, 학교 보내줄 테니까" 정도로 말씀하셨죠.

입대 때 가족들의 반응이 어떠했는지를 묻는 질문에 히로토 씨는 곧바로 대답하지 못하고 착잡한 표정으로 잠시 침묵을 지켰다. 그 침묵으로부터, 입대로 인한 가족과의 이별이 히로토 씨에게 안겼을 고통과 슬픔을 느낄 수 있었다.

부모님은 '꼬박꼬박 저금해놓았으니 돌아오면 학교에 보내주겠다'라는 말로 '살아 돌아오라'라는 속마음을 전했다. 부모님이 아들의 생환을 희망하면서도 그 속마음을 직접 입 밖으로 내지 못한 것은 사회적으로 기대되는 '출진하는 군인을 배웅하는 자세'와 그 속마음이 부합하지 않았기 때문일 것이다.

당시 일본 사회에서 출진하는 군인을 환송하는 이상적인 모습은 어떠했을까. 이 모습은 1939년 10월 발매된 〈출정 병사를 보내는 노래出征兵士を送る歌〉 1절 가사에서 찾아볼 수 있다. 이 노래는 전시가요 및 군가로 당시 민간과 군에서 불렸던 노래다.

우리 대군大君께 부름받은
생이 빛나는 새벽 노을.
찬송하며 보내는 일억의
환호는 드높아 하늘을 찌른다.
나가자 용사여 일본 남아여.

가사의 내용으로 미루어보면, '일억' 일본 국민은 '대군(천황)'의 부름을 받아 출정하는 '일본 남아'를 '하늘을 찌를' 높은

환호로 찬양하며 환송한다. 심지어 1937년 9월에 발매되어 큰 인기를 누렸던 〈노영의 노래露営の歌〉* 3절에서는 더욱더 극단적인 가사가 등장한다.

총알도 탱크도 총검도
잠시 노영의 풀베개에
꿈에 나오신 아버지께
'죽어서 돌아오라' 격려받으니
깨어나서 노려보는 적의 하늘

지금 입장에서 보면 전장에 나간 아들에게 '죽어서 돌아오라'고 격려하는 부모는 상상하기 힘들 것이다. 그러나 그때는 그런 시절이었다. 가족에 대한 사랑보다 몸과 마음을 바쳐 국가에 헌신하는 것이 미덕이었던 시대였다. 이 때문에 '살아서 무사히 돌아오라'는 소망을 전하는 것조차 쉬운 일이 아니었다. 아들이 전장으로 나가는 것은 긍지를 가지고 기뻐해야 할 일이지 걱정하고 염려할 일이 아니었던 것이다. 그러므로 아들이 그저 무사히 돌아오기만을 염원하던 히로토 씨의 부모님은 함부로 희망을 입 밖에 낼 수 없었다.

---

* 이외에도 〈노영의 노래〉에는 장병의 전사를 전제하는 가사가 이어진다. "전공도 못 세우고 죽을쏘냐"(1절), "오늘의 전투에서 붉게 물든 채 생긋 웃으며 죽은 전우가 '천황 폐하 만세'라고 남긴 목소리를 어찌 잊을쏘냐"(4절), "싸움에 나서는 몸은 오래전부터 버릴 각오로 있었으니, 울어주지 말거라, 풀벌레야. 동양 평화를 위해서라면 무슨 목숨이 아까우랴"(5절) 등 고결한 순국을 예찬하는 문구가 난무한다. 이와 같은 풍조는 1944년 말 특공 개시와 더불어 더욱 심해졌다.

군대교육,
천황의 군인으로
거듭나기

매일 밤 구타, '나 자신이 불쌍했다'

가족의 품을 떠나 입대하게 된 이들은 '군대'라는 새로운 환경과 질서를 맞닥뜨리게 되었다. 그들은 어떤 식으로 '군인 양성'이라는 새로운 사회화 과정을 겪게 되었을까. 그리고 그 국면에서 국체사상이 어떻게 작용했으며 개인의식은 어떻게 동요했을까.

기시 씨는 요카렌 합격 통지를 받은 지 3개월 만에 야마구치현에 있는 호후 해군통신학교에 입교했다. 애당초 기시 씨가 지망했던 병과는 항공이었지만, 전황의 악화로 일본군의 항공기 보유량이 급감하면서 통신 병과로 배정받게 되었다. 그때 기시 씨의 누나는 남동생의 무사귀환을 기원하며 천 개의 바느질을 수놓은 '천인침千人針'을 만들어주었다. 천인침은 태평양전쟁 중 일본에서 유행한 풍습으로 총탄이 피해 가라는 염원이 담긴 부적과도 같은 역할을 했다. 가족들의 애정이 담긴 천인침과 나라를 위한 열정을 품고서 군문에 들어섰던 기시 씨. 그에게 펼쳐진 현실은 전시 선전영화에 나온 낭만과는 거리가 멀었다. 그는 입교 당시의 상황을 다음과 같이 회상했다.

정말 힘들었어요. 원래의 2년 양성 과정으로는 전쟁에 투입하기에 늦어버리죠. 그런 관계로 뭐랄까, 졸업이 빨라진 셈이네요. 조기 졸업이라는 것이지요? 뭐, 단기로 졸업을 시키는, 1년 더 빨리, 1944년이면 이미 졸업을 하게 되는 거죠. 그러니까 1년밖에 시간이 없는 것이죠. 2년 해야 할 것을 1년에

전시간행물에 묘사된
해군비행예과연습생의 교육 모습.

했네요. 단기 교육이니까요. 옛날 해군의 교육이라고 하는 것
은, 〈월월화수목금금〉*이라는 말이 있지요? 그러니까 토요
일, 일요일이라는 게 쉬는 날이 아니게 되잖아요? 큰일이죠.
그래서 저는 이미 들어갔을 때 말이죠, '이거 아주 힘든 곳에
들어왔구나' 하고 생각했어요. 입교하자마자 벌써 츠리도코
釣り床**가 있어요. 매달려 자는 거죠. 일반 침대는 사용하지
않아요. 그래서 그렇게 매달려 자는데, 침대도 없으니까 그렇
잖아요? 해먹이니까, 박쥐 같은 거네요. 매달려서 자는 것이
기 때문에, 그 자체가 이미 훈련에 들어가는 것과 다름없습니

다. 그것을 뭐 츠리도코라고 합니다만, 사실은 그것을 1분 이내에 매달지 않으면 안 된다는 것입니다. 그게 하나의 훈련이 되어버리는 거군요. 그래서 뭐, 어리잖아요, 열여덟 열아홉 살의 인간이 요카렌의 그런 훈련을 받으면 꽤나 힘들죠.

훈련은 매일 아침 일찍부터 시작됩니다. "총원 기상総員起こし" 구령과 동시에 하는 겁니다. 그래서 총원 기상은, 해군에서는 그 '5분 전'이라는 것이 있어요, 말하자면 이미 총원 기상 5분 전에 어느 정도 일어날 준비를 해두지 않으면 안 된다는 것입니다. 그렇게 일어나면 나팔이 울립니다. "총원 기상" 구령과 동시에 나팔이 울리면, 그것과 동시에 벌떡 일어나는 것입니다. 그렇게 뭐 훈련이 시작되는 건데요. 하루 종일 훈련과 공부의 연속이었습니다.

기시 씨는 생애 처음으로 겪은 혹독한 훈련과 군의 가혹한 환경을 접하고서 동요하게 되었다. 전황의 악화로 2년 교육과정이 1년으로 단축됨에 따라 기시 씨와 동기들은 팍팍한 일정 안에서 더욱 강한 압박을 견뎌야 했다.

당시 더욱 고난도 기술로 여겨졌던 통신기술을 숙달하는 것은 쉽지 않았다. 거기에 관련된 내국 법규와 외국 법규 역시 익히지 않으면 안 됐다. 공부만으로도 벅찬 그에게 견디기 힘든 수준의 육체적 고통이 수반되는 훈련은 더욱 큰 고난이었다.

기시: 정말 그 당시에는 불쌍한 짓을 했다고 생각했어요. 내가…… 그러니까 학교 훈련이 너무 빡빡해서, 어떻게 이런 곳

을 들어왔냐는 것이죠. 정말 힘들었어요.

박: 어떤 훈련이 있었습니까?

기시: 우선요, 아침 5시 반에 일어나자마자 밖에 나가서 줄을 서서 조례를 합니다. 그러고 나면 체조를 하게 됩니다. 한 시간 체조하고. 그런데 말이죠, 저기, 해군의 경우는 육군과 달리 한쪽이 바다잖아요? 그러니까 앞으로 나아가라고 하면요, 오른쪽 왼쪽으로는 절대로 비껴갈 수 없어요. 무조건 곧장 달리는 느낌이죠. 그러면 바다가 나오죠? 쭉 가면, 멈추라고 말하지 않으면 바닷속에 들어가버리지 않을 수 없죠. 나팔이 울리면 늘 하던 일이군요. 겨울 추울 때는, 어휴! 바보 같은 바닷속에 들어가버려서, 진짜 큰일이었어요. 그러면 상관은 웃었지요. "너희들은 이게 훈련이다." 이런 식으로 얘기를 해요. 훈련이라 해도, 참 힘들었어요.

근데, 뭐 제일 힘든 건 단정端艇이라고 하는 보트, 그게 또 큰일이네요. 무거워요. 저 노를, 긴 노를 말이에요. 납이 채워져 있어서, 드는 곳에, 거기는 무겁게 안 하면 나중에 누가 가져가버릴 수 있잖아요. 그래서 그 노에는 납이 박혀 있는 건데. 그래서 단정 경주 같은 걸 하면요, 지면 점심을 먹을 수 없어요. 그러니까 젊었을 때는 점심을 안 먹으면 눈이 핑핑 돌아요. 후들후들. 점심을 거르게 되면요, 이제 그건 큰일이에요. 어지러워요. 그런 훈련을 받았단 말이죠.

그리고 그 기계체조 말이야. 철봉이죠. 큰 동작, 작은 동작, 발차기, 모든 걸 다 해야 되고. 그리고 뭐, 총검술은 거의 뭐 1개월에 2회 정도밖에 하지 않았지요. 해군에서는 별로, 총검술은요. 그냥 몸을 단련하기 위한 체조라든가, 그런 특수한 훈련이 많았죠. 둥근 원형 틀에 들어가 잡고 서서 밀어지게 되면요, 회전하다가 견디지 못하고 떨어져버리는 거죠. 꽉 잡고 버티지 않으면. 그게 가장 괴로웠어요.

박: 그것은 비행기의 선회에 적응시키기 위한 훈련인가요?

기시: 네, 그렇습니다. 확 밀리면, 몸이 이렇게 안으로 들어가 있는데, 그때는. 팔의 힘이 센 사람은 좋아요. 팔뚝이 약한 사람은 조금만 구부러지면 툭 떨어지고 말잖아요. 저거, 둥그런 게 빙글빙글 도니까요. 그런 훈련이 제일 심했네요.

국가를 위해 기꺼이 자원한 기시 씨는 군대라는 극단적인 환경과 맞닥뜨리고 난 뒤 신념이 흔들리게 되었다. 혹독한 요카렌 교육에서 '불쌍한 짓을 했다' '힘든 곳에 들어갔다' '눈이 돌았다' '힘들었다' '괴로웠다'는 감상에 이르게 된 것이다. 특히 매일 밤 눈물을 흘렸다는 동기는 개인의식의 동요가 격하게 일어났던 걸로 보인다.

기시: 어린 친구들은 특히…… 우리는 그나마 괜찮았지만, 열여섯 살 정도의 애들은 이미…… 눈물을 흘리더군요. 훈련이 고되서 말이죠. 얻어맞거나 무슨 일이 벌어지기라도 하면 완전 뒤집어지는 거죠. 한 번이라도 그 야구 방망이 같은 걸로 딱 맞으면 마지막에는…… 큰일이에요, 그건.

박: 어린 사람들 같은 경우는 어머니나 가족이 더욱 그리웠겠군요.

기시: 그건요, 본인이 좋아서 요카렌에 들어온 거니까 어쩔 수 없어요. 그래도, 물론 매일 밤 눈물을 흘리고 있어요. 알 수 있거든요. 이렇게 잘 때 해먹에서 뭐 하는지 말이죠. 거기에 배는 고프고. 먹을 것이라고 해봐야 밥공기 정도니까요. 그러니 배고프지요.

박: 하지만 그냥 참을 수밖에 없다는 것이지요?

기시: 이제 말이죠, "너희는 죽으면 야스쿠니신사에 모셔진다"고 했죠.

기시 씨의 가장 어린 요카렌 동기의 나이는 열여섯 살이었다고 한다. 그는 자신의 어린 동기가 밤마다 눈물을 흘렸던 사실을 목격했다. 눈물이 날 정도로 개인의식이 동요하는 그 극한 상황에서, '죽게 되면 야스쿠니신사靖國神社*에 모셔진다'는 교육이 이루어졌다는 것은 시사하는 함의가 크다. 즉 개인의식마저 동원 대상으로 삼는 당시의 사상통제가 괴로워하는 요카렌 생도들의 정신을 지탱했던 것이다.

한편 생도들은 괴로워하는 와중에도 차차 그 환경에 적응해갔다. 위의 예에서 볼 수 있듯 구타는 기시 씨가 견뎌야 했던 하나의 고난이었다. 어린 동기들이 눈물을 흘린 중요한 원인이기도 했다. 그러나 기시 씨는 매일 밤 구타를 당했음에도 단체생활이기 때문에 구타에 대한 불만은 가지지 않았다. 오히려 구타를 통해 정신이 해이해지는 것을 막을 수 있었다고 말한다.

박: 상관이나 선배에게 얻어맞으신 적은 있습니까?

기시: 매일 밤 맞았죠. 그런 건 말하기도 그래요. 밤마다 한 방 맞는 거죠. 해군의 경우는 '빠따'라고 하죠. '어라? 오늘도 또 한 대 맞겠는데'라는 식으로 되는 겁니다. 그래도 그냥 안 때릴 때가 하루나 이틀은 있었거든요. 그건 말이죠, 그 좋은 일 했을 때. 예를 들어 상관으로부터, 뭐랄까, "군대는 굉장히 좋은 곳이지?"라는 말을 듣게 될 때는 말이죠, "오늘은 좋다"고 넘어가죠.

박: 맞았을 때 뭔가 불만 같은 건 없었나요?

기시: 불만 따위는 생각하지 않아요, 정말. 단체 생활이죠? 한

---

*　'신토神道'는 일본의 전통적인 신앙으로 '손을 모아 신을 경배하는' 행위 전반을 의미했으며, 각 지역에서 고유의 토속신앙에 따라 독자적으로 발전하며 민중의 일상생활과 결합했다. 이러한 신토는 메이지유신 이후 제국 체제가 수립됨에 따라 천황을 중심으로 하는 '국가신토'의 틀 안에 강제적으로 재편되었다. 천황을 신의 자손, 현인신으로 설정한 건국 신화는 국가신토의 신앙을 구성하는 핵심 요소였다.

1869년 창건된 야스쿠니신사는 천황 숭배를 근간으로 하는 국가신토의 성격을 드러내는 대표적인 시설이다. 메이지 체제 수립 과정의 내란 속에서 천황을 위해 목숨을 잃은 전몰자들을 기리기 위해 세워진 야스쿠니신사는 이후 대외 전쟁에서 전사한 군인·군속과 '국사순난자'를 제신으로 하는 시설로 자리매김했다. 특히 국체사상의 광풍이 정점에 이르렀던 중일전쟁 당시, 야스쿠니신사의 존재는 장병들의 전의 고양을 위한 도구로 크게 부각되었다.

전후 일본을 통치하게 된 연합군사령부는 국가신토를 '군국주의나 초국가주의를 정신적으로 정당화하는 위험 사상'으로 지목하고 정부 예산의 집행을 금지하는 등 '국가'와 '신토'를 분리하기 위한 정책을 진행했다. 황실의 궁중 제례는 '천황의 사적 행위'로 존속을 허락받았으나 '황실신토'는 국내 정치와 완전히 분리되었다. 이를 기점으로 국가신토는 제도적으로 폐기된 것으로 평가되나, 국가신토의 이념을 되살리고자 하는 시도는 계속되었다. 연합군 점령기가 종식된 후, 야스쿠니신사는 경내 국유지를 양도받고 독립법인으로 존속할 수 있게 되었다. 현재 야스쿠니신사에 배향된 제신은 246만 6,584주에 이른다.

명이 잘못하면 다 맞았으니까요. 다만, 따귀는 없었어요. 해군에서는 따귀를 절대 때리지 않죠.

박: 육군에선 따귀를 정말 많이 때렸다고 들었는데요.

기시: 맞아요, 그런 것 같아요. 해군은 해외에 나가니까 절대로 얼굴에 상처를 입혀서는 안 된다고. 그러니까 따귀만은 때리지 않고, 빠따가 들어가는 겁니다. 저희를 때리는 상관들도 매를 맞아요. 상관이 말이죠. 하사관이 된 사람이라도 자신의 상관에게 두들겨 맞습니다. 그래서 역시 정신을 절대로 풀어서는 안 된다는 것입니다. 정신이라는 거 알죠? 반드시 정신을 차려야 합니다. 정신을 느슨하게 하면 또 사고를 내니까요. 사고가 제일 무섭거든요. 그러니까 절대 사고 치지 말라고, 그런 취지로 빠따를 치고요.

기시 씨는 본인이 '빠따'로 인해 고통을 당했음에도 단체 생활과 정신력의 중요성을 강조하며 구타의 효용성을 합리화했다. 일반적인 경우라면 물리적 고통과 심리적 굴욕감을 안겨 주는 구타를 피해자 측에서 납득하고 합리화하는 것은 상상하기 어렵다. 즉 구타에 대한 기시 씨의 감상은 가혹한 군대 생활의 환경에서 개인의식이 흔들리던 중에도 군인으로서의 내면화는 자연스럽게 진행되고 있었음을 보여준다.

군인칙유, 천황제 국가관의 확립

군인으로서의 내면화는 어떻게 이루어졌던 것일까. 전직 항공자위관이자 군사사학자인 쿠마가이 테루히사熊谷光久는 일본군 내에서 이른바 '군기·풍기'의 유지 대책으로 실시된 정신 교육 역시 앞서 언급한 학교교육과 마찬가지로 그 근간에는 국체사상이 강력하게 자리 잡고 있었다고 말한다. 쿠마가이에 따르면, 일본군은 청일전쟁과 러일전쟁의 전쟁 체험 및 이른바 '다이쇼 데모크라시'*의 사회 정세 속에서 정신 대책의 중요성을 인식하게 되었다. 이에 따라 군부는 장병들의 충성심, 사기, 단결 등 정신적 함양을 목표로 정신교육의 제도와 내용을 구체적으로 확립했다.

쿠마가이는 특히 러일전쟁이 일본군의 정신교육 형성에 큰 영향을 끼쳤다고 논한다. 과거의 전쟁 양상과는 구별되는 '근대전'이면서 종국에는 '육탄전'으로 귀결된 러일전쟁의 경험은 육군에게 장병들의 "정신적 정신 대책의 중요성"을 인식시켰다는 것이다. 러일전쟁 당시 "사회주의자들에 의해 반전·반군운동"이 활발하게 일어났는데, 이것을 본 군부는 군인들이 외부의 정치사회 운동으로부터 영향을 받지 못하도록 더욱 경

---

*   20세기 초 일본의 자유주의/민주주의적 사회운동과 사조를 일컫는 용어. 이 시기의 일본 사회에서는 보통선거 실현, 언론 결사의 자유, 노동권 신장, 남녀 평등, 최하층 천민으로 취급되었던 부라쿠민部落民 차별 철폐, 침략전쟁 중지 등 다양한 요구들이 쏟아졌으나 치안유지법 제정과 만주사변으로 인해 급격히 사그라들었다.

계하게 됐다.[22] 해군의 경우도 (육군에 비하면 뒤떨어졌지만) 러일 전쟁 체험에서 정신교육의 의미를 중시하는 경향이 강해졌으며, "사회주의 사상에 대한 대책"도 마련했다.[23]

이와 같이 '정신교육'에 대한 관심이 군 내부에서 높아지면서 천황 혹은 천황의 권위를 정신교육에 활용하고자 하는 시도 역시 활발해졌다. 그 중요한 예로 '군인칙유軍人勅諭'*를 들 수 있다. 1882년(메이지 15년) 1월에 발효된 군인칙유에는 일본 육해군의 대원수인 천황의 휘하에 속하는 군인의 의무와 덕목이 규정되어 있다.

군인칙유는 "천황으로부터 육해군 군인에게 내려지는 형식"으로 되어 있다.[24] 군인칙유에 관한 육군과 해군의 태도에는 차이가 있었지만, 결과적으로는 육해군 양쪽에서 중시되었다. 육군에서는 "전체적으로 강제로 암기"하게 했고, 특히 다이쇼 시대로 들어가면서 "군인의 정신면의 교육"은 군인칙유가 기본적인 것으로 확립되었으며, 교육 방법의 기본은 '군대교육령'으로 성문화되었다.[25] 육군에 비해 "처음에는 군인칙유에 냉담했던 해군 역시 청일전쟁과 러일전쟁을 거치며 해군사관 양성 교육 및 하사관·병졸의 일상 교육에서도 군인칙유의 존재를 중시

---

* 군인칙유는 일본의 군대가 대대로 천황에 의해 통솔되었음을 강조하며 군인을 천황의 '신하'로 규정하고 그에 걸맞은 덕목을 요구한다. 다음의 구절은 군인칙유의 성격을 잘 드러낸다. "짐은 너희 군인의 대원수이다. 그러므로 짐은 너희에게 수족처럼 의지하고, 너희는 짐을 머리와 같이 우러르며, 그 관계는 특별히 더욱 깊어지지 않으면 아니 된다. 짐이 국가를 보호하고 천명에 응하여 선조의 은혜를 갚을 수 있느냐의 여부는 너희 군인이 그 직무를 다하느냐의 여부에 달려 있다."

하게 되었다".[26]

즉 군인칙유를 중심으로 하는 충군애국의 정신교육에서 군인 개개인은 천황에 대해 충성할 것을 강요받았고, "전투정신을 왕성하게 하고 전투력을 강화하는 것"으로 이를 표출해야 했다.[27] 충군애국의 정신교육은 소위 위험 사상으로부터 병사들의 접근을 차단하는 "사회주의 침투 대책"으로도 유용하게 쓰였다.[28]

교육사학자 안도 타다시安藤忠는 한 걸음 더 나아가 군인칙유가 교육칙어, 제국헌법과 함께 "천황제 국가관의 확립을 성취하는" 요소였다고 평가한다.[29] 안도에 따르면, 군인칙유는 천황을 "군인 각자가 그 명령에 절대복종하고 일신을 희생하는 현실의 최고절대의 통솔자·권력자"임을 천명한 중요한 문헌이다.[30] 안도는 군인칙유의 성립이 "천황에 대한 절대적 자기헌신"이 "최고의 도덕가치"가 된 시대상을 엿볼 수 있다고 말한다. 국체사상이 군대교육에 얼마나 큰 영향을 미쳤는지 알 수 있다.[31]

다만 "군인칙유의 정신"이 군대 집단뿐만 아니라 "시민사회의 이데올로기"에도 결정적인 영향을 미쳤다는 안도의 분석은 국체사상이 일본의 민간사회와 학교교육을 지배하게 된 경위를 설명하는 데는 한계가 있다. 안도는 국민개병 체제에 의해 군대교육의 관념이 "필연적으로 시민사회에 도입"되었다고 보지만, 앞서 검토한 바와 같이 국체사상을 중심으로 한 일본의 학교교육은 메이지유신 이후의 시대적 상황에서 성립된 것이다. 물론 일본의 학교교육이 1920년대를 거치면서 점차 군사화된 것은 역사적 흐름에서 확인할 수 있다. 그러나 메이지유신 정부가 자신들의 통치 정당성을 주창하기 위해 교육칙어를 입안한 경위를 돌이켜보면, 학교교육에서 나타난 국체사상은 군사화와는 다른 측면에서 분석해 평가할 필요가 있다. 가령 학교교육에서는 1890년 발포된 '교육에 관한 칙어', 이른바 '교육칙어'의 존재를 빼놓을 수 없다. 군인칙유가 군인의 개인의식에 수용될 수 있었던 것은, 그 이전에 메이지 국가 건설 과정에서 국체 관념이 이미 사회적으로 확대되었기에 가능했다고 보는 것이 타당하다.

이렇듯 군인칙유는 군인정신의 내면화가 일어난 양상을 살펴볼 수 있는 주요한 개념이다. 기시 씨는 패전 후 75년이 훌쩍 지난 시점인데도 여전히 군인칙유를 외우고 있었다.

박: '군인칙유'라는 것은 어떤 것이었습니까?

기시: "하나, 군인은 충절을 다하는 것을 본분으로 해야 한다. 하나, 군인은 예의를 갖춰야 한다. 하나, 군인은 무용을 중시해야 한다. 하나, 군인은 신의를 가져야 한다. 하나, 군인은 검소함을 원칙으로 해야 한다." 이게 5개 조입니다. '충忠' '예禮' '무武' '신信' '질質'이라고.

박: 뭐랄까, 지금 75년 전의 아주 옛날 일인데 아직도 자세히 기억하고 계시는 것이 굉장히 대단하네요!

기시: 아하하, 아니, 아니. 의외로요, 기억하고 있어요. 기억하는 것도 이상하긴 한데. 잊지는 않았죠, 참말로.

박: 군인칙유라는 것이 군인의 생활에 굉장히 중요한 것이었

습니까?

기시: 역시 생활하는 데 있어서는요, 기억하지 않으면 안 된다는 하나의 뭔가가 있었지요.

박: 그건 매일 암송하신 건가요?

기시: 아니, 그렇지 않아요.

박: 그렇지 않은데도 기억이 나세요?

기시: 한번 외워두면 무슨 일이 있을 때 도움이 되겠죠? 왜냐면, 어쩌다 실수라도 하면 "야! 군인칙유 읊어봐!"라는 말을 듣게 되고 "예!"라고 대답할 수밖에 없으니까요. 어쩌다 실수하게 되면 듣는 말이니까요. 그때 군인칙유를 기억해내지 못하면 "바보 놈!" 하고 혼나니까요. 다 기억하죠. 기억하지 못하는 것도 있을지 모르지만, 의외로 아직 잊지 않고 기억하고 있네요.

박: 군인칙유란 일본 장병의 기본자세인가 보군요.

기시: 그렇습니다. 기본이죠?

천황의 권위를 강조하며 군인의 덕목을 논하는 군인칙유는 육해군 양측의 정신교육에서 핵심으로 기능했다. 기시 씨의 군 생활에서도 예외는 아니었다. 기시 씨는 군인칙유가 제시하는 덕목을 일본 장병의 기본으로 삼아 암기했다. 이는 국체사상을 근간으로 해서 실시된 군의 정신교육이 개인의 의식 속으로 어떻게 파고들었는지를 보여준다.

군인정신의 내면화는 군인으로서의 새로운 정체성과 긍지를 형성시켰다. 기시 씨는 요카렌 제복을 입고 외출할 때 부대

7개의 벚꽃 단추 제복을 입은
요카렌 교육생들.

내에 있을 때는 느낄 수 없던 자부심을 느꼈다고 말했다.

박: 요카렌에 대해 조금 알아보니, 7개의 단추라고 해서 왠지 제복에 대한 특별한 긍지가 있었던 것 같습니다. 기시 씨께서도 뭔가 그런 자부심이 있으셨나요?

기시: 뭐, 7개 단추는요, 요카렌에서는 긍지입니다. 그러니까 그때 요카렌은 모두 7개 단추를 달았어요. 그냥 외출했을 때, 뭐 자랑스러웠죠. 부대에 있었을 때는 그렇지 않았지만 말이죠.

박: 외출하면 그 제복을 입고 나갔나요?

기시: 사람들이 모두 보고 있으니까 그랬지요.

7개 단추가 달린 요카렌 제복은 기시 씨가 새롭게 얻은 군인으로서의 정체성이기도 했다. 기시 씨는 요카렌 제복이 동경의 대상이었다고 말하며, 제복을 입고 외출할 당시 쏠리던 사람들의 시선에서 자랑스러움을 느꼈다. 민간인과 구별되는 요카렌 교육생으로서 자신감을 갖게 된 것이다.

어쩔 수 없이 죽음의 각오를 다지다

한편 '학도출진'에 나선 히로토 씨의 경우도 기시 씨와 마찬가지로 1년 동안 군사교육을 받았다.

그때 소위 그 태평양전쟁이 시작되고, 대학 다니고 있을 때 학도출진을 했죠. 저는 해군 쪽으로 배속되었습니다. 거기서 간단한 시험을 치르고 해군병과예비학생 4기생이 되었습니다. 그래서 1년 동안 교육을 받았습니다. 첫 반년은, 기초교육. 그다음 반년은 전문교육이라는 것을 철저하게 받았죠. 네, 뭐랄까, 군인정신을 주입당한 것입니다. 세뇌된 셈이군요. 그래서 말하자면, 이른바 '학도출진'이니까, 소위 간부 후보생이죠. 그러니까 1년 동안의 교육이 끝났을 때는 해군 소위로 임관하게 되었습니다.

히로토 씨는 1년간의 군사교육을 회상하며 '군인정신을 주입당했다'고 말했다. 그가 주입받았다는 군인정신이란 무엇일

출진학도의 출정식(1943년 10월 21일) 장면.

까. 구타에 관한 이야기에서도 당시 진행되던 군인화 양상을 엿볼 수 있다.

> **박:** 훈련받을 때 맞아보신 적 없나요? 상관이나 윗사람한테서?
>
> **히로토:** 그건 자주 그래요. 그런 건 늘 그래. 하지만 육군만큼 맞지는 않았네요. 역시 그 연대 책임의 형태로 말이죠.
>
> **박:** 아, 연대 책임. 그럼 맞아도 연대 책임이기 때문에 불만은 없었나요?
>
> **히로토:** 응. 연대 책임으로, 뭐, 그런 거라고 생각했습니다.

구타에 관한 히로토 씨의 감상은 기시 씨의 감상과 맞물렸다. 히로토 씨가 군대 특유의 '연대 책임' 개념을 당연한 것으로 받아들인 것은, 군대의 규율이 내면화된 예로 볼 수 있다. 다만 해군의 정신교육은 육군에 비해 강도가 세지 않았고, 히로토 씨 자신도 그 정신교육의 내용에 진심으로 공감하지는 못한 것으로 보인다.

군인칙유라고 있지요? 긴 거 있잖아요. 그건 말이죠. 사실 간부 후보생이 되려면 외워야 하거든요. 근데 특히 육군은 그걸 강제하더라고요. 해군은 그냥 외우면 좋다라는 정도였죠.
요컨대, 뭐, 군인칙유라는 것은 굉장히 길잖아요. 육군이라면 전부 암기해야 간부가 될 텐데 해군은 그런 건 전혀 없었다는 겁니다. 뭐, 읽을 수 있는 시간에 읽으라는 정도였죠. "읽어"라는 지시는 들었고, 읽을 시간도 주어졌지만, 외우라는 지시는 없었어요. 읽으라는 지시를 들었지만, 그다지 열심히 읽게 되지는 않더라구요.

히로토 씨는 군인칙유에 대해 시큰둥한 반응을 보였다. 적어도 히로토 씨에게는 군의 정신교육이 개인의식 안으로 파고들지는 못한 것으로 보인다. 읽으라는 지시가 있었는데도 열심히 읽지 않았다는 것은 집단의식이 항상 개인의식 속으로 원활히 스며들기만 하지는 않는다는 것을 시사한다. 이는, 군인칙유가 논하는 덕목을 '일본 장병의 기본'으로 인식하여 암기한 기시 씨의 경우와 대조적이다.
기시 씨에 비하면 히로토 씨가 군인칙유로부터 받은 영향은 적다고 할 수 있다. 그러나 그 영향이 적었다고 해도 군의 정신교육이 히로토 씨의 전쟁관과 사생관 형성에 중요한 기능을 한 것은 무시할 수 없다.

예를 들면, 히로토 씨는 자신의 《회상록》에서 당시 자신들에게 교육자료로 배부되었던 '전훈집戰訓集'의 존재를 언급한다. 전훈집은 미군이 상륙한 사이판, 과달카날 등의 주요 격전지에서 현지의 일본군 부대가 "압도적인 물량 작전"에 밀려, "마침내 옥쇄에 이른" 경위가 현지 군의 보고를 기초로 정리된 극비 문서였다.[32] 전훈집을 읽었던 당시의 심정을 묻자 히로토 씨는 다음과 같이 대답한다.

자료로 읽었을 때부터요, '그런 임무를 맡게 되는 것일까?'라는 느낌으로. 그러니까 정말 뭐라고 말할 수 없는 느낌이지. 실제로 결국 병에 걸리면 이제 죽게 되는 것뿐이라고. 그래도 그것은 그것대로 임무라고 여기게 되면, '그런가' 하고. 그래서 모두들 어떠냐 하면, 그 당시에 임지任地가 이오섬이 되는 것을 가장 두려워했죠.

그러니까 하이난섬 진지를 구축할 때 '저렇게 옥쇄하게 되나'라는 생각을 했습니다. 그러니까 각오하지 않으면 안 됩니다. 사실, 처음부터 절대 그런 곳에 가게 되는 것을 원치 않았어요. 가고 싶지 않았어. 임지는 이제 정말로 돌이킬 수 없어. 어떻게든 임지는 말이죠, 하이난섬이 아니길 바랐어요. 아, 이오섬이 아니길 바랐어요. 그러나 당시 그 하이난섬 등도 역시 가장 위험한 지역 중 하나로……

당시는 말이죠, 1할 정도, 9할 정도의 전부가 말이죠, 내지에 남아 있었습니다. 배가 못 가니까요. 배가 없는걸. 그때는요, 본토결전이라는 것을 대비해야 하니까, 우수한 자는 본토에 남겨두었습니다. 음 그렇게 되면, 나는 그다지 우수하지 않으니까, '너는 죽어도 되니까 가라' 이렇게 된 거지. 그래서 하이난섬에 가기까지가 괴로웠네요.

히로토 씨가 군인으로서 목숨을 걸고 옥쇄까지 각오할 것을 주문하는 구체적인 자료인 전훈집을 받고서 고뇌했다는 사실. 그 사실로부터 군대의 정신교육을 통한 개인의식의 변용을 읽을 수 있다. 히로토 씨는 사지에 몰리는 것을 두려워하면서도, 결국 그것을 군인으로서의 책임과 의무로 받아들였다.

그러니까 이미 더 이상 이기고 지는 차원의 문제가 아니란 말이죠. 그런 각오를 가지고요. 어쨌든 자신의 맡은 바 임무를 다하는 것만이 필요하거든요. 이기든 지든 이제 전혀 상관없었습니다. 어떻게, 얼마나 내가 맡은 바 임무를 완수할 것인가, 그것밖에 없었죠. "직책은 변한다 해도 정성은 오직 하나……"* 해군에는 그런 군가가 많네요.

이기든 지든 이제 전혀 상관없었다면서도 어쨌든 자신의 맡은 바 임무를 다하는 것만이 필요하다고 의지를 다졌던 히로토 씨의 이야기는 극도의 불안과 동요에도 불구하고 결국 군의 정신교육을 통해 개인이 죽음의 각오를 다지게 되는 과정을 보여준다.

---

* 1914년 만들어진 해군 군가 〈함선근무艦船勤務〉의 한 구절.

전쟁과 죽음

불침전함 야마토의 침몰

군사교육을 통해 '천황 폐하의 아이'에서 '천황 폐하의 군인'으로 거듭난 이들은 죽음의 위협이 일상적으로 도사리는 전장에 투입되었다. 이들의 전쟁 체험은 어떠한 것이었으며, 국체사상은 이들의 의식에 어떻게 작용했을까.

요카렌 교육을 졸업한 기시 씨는 치바현에 있는 카토리 해군항공기지 제131항공대에 통신병으로 배속되었다. 한편 함께 졸업한 동기들 중 일부는 '불침전함不沈戰艦' 야마토大和로 배치되었는데, 그것이 그들과의 영원한 이별이었다.

전함 야마토는 길이 263.8미터, 주포 구경 46센티미터, 배수량 7만 2,809톤에 이르는 사상 최대 규모의 전함이었다. 미국과 영국, 일본의 해군 전력 보유량을 제한했던 워싱턴 해군 군축조약과 런던 해군 군축조약이 파기된 이후, 일본 해군은 1937년부터 전함 야마토의 건조에 돌입했다. 전함 야마토의 건조는 장차 다가올 미국과의 결전을 염두에 둔 것이었다.

일본 해군은 러일전쟁에서 숙적 러시아 해군을 대파했다. 러시아 해군이 더는 일본 해군의 적수가 되지 못한다는 것이 분명해지자, 일본 해군은 새로운 가상적국으로서 미국을 설정했다. 태평양을 사이에 두고 벌어지는 미국과의 대치는 일본 해군이 제국의 지도부 내에서 그 존재 의의를 주장할 수 있는 가장 효율적인 수단이었다.

해군 내 온건파들과 민간 정치인들은 일본의 국력이 미국, 영국과의 무제한 군비경쟁을 감당할 수 없을 것이라 봤으므로 군축조약을 추진했다. 이에 해군 내 과격파들은 '천황이 해군 군령부에 위임한 통수권을 내각 따위가 침범할 수는 없다'는 논리로 강경하게 반발하며 정치적 투쟁을 이어나갔다. 일본 내부의 소요, 국제질서의 혼란 속에서 결국 군축조약은 휴짓조각이 됐다.

물론 다년간 미국에 관한 연구를 거듭해왔던 해군의 주요 장교들은 자신들이 가상적국으로 설정한 미국의 국력이 일본의 국력을 아득히 상회하고 있음을 누구보다 더 잘 알고 있었다. 그렇기에 그들은 더더욱 야마토와 같은 거함 거포 전함이 필요하다고 생각했다.

그들은 러시아의 발트함대를 격파한 쓰시마해전(일본 측 표기는 '일본해해전')의 결과가 러일전쟁의 승전으로 이어졌던 과거의 교훈이 미국과의 싸움에서도 적용되리라 봤다. 즉 객관적 국력이 열세에 놓여 있다 해도, 미국 해군 주력함대를 상대로 결정적인 승리를 거둘 수 있다면 전쟁의 흐름 자체도 지배할 수 있으리라고 판단했던 것이다. 그 결정적 함대 결전에서 승리하기 위해서는 상대보다 더 크고 강력한 전함이 필요하다고 주장했다.

사상 최대 규모의 거함 거포 전함 야마토는 그렇게 만들어졌다. 진주만공습 직후인 1941년 12월 16일에 취역한 전함 야마토는 일본 해군의 지도자들로부터 아시아·태평양전쟁의 결과를 좌우할 최종병기로 믿어졌다.

언젠가는 벌어질 함대결전을 위해, 해군의 지도자들은 전함 야마토와 그 자매함 전함 무사시武蔵의 출격을 자제했다. 이

미군과의 결전에서 최종병기로
활약하리라 기대했던 전함 야마토.

들은 러일전쟁에서와 마찬가지로, 이번 아시아·태평양전쟁에서 미국 해군이 일본 근해로 진격해오는 과정에서 손실과 피로가 누적됐을 때 비로소 결전이 벌어질 것이라고 믿었다. 일본 해군의 가장 강력한 전력으로 여겨지던 야마토와 무사시의 출전이 유예되면서, 그 공백은 항공모함을 주축으로 하는 기동부대가 채우게 됐다.

함대 결전을 위해 전함 야마토를 아끼던 일본 해군의 선택은, 아이러니하게도 그들이 그토록 집착하던 함대 결전이 더는 유효하지 않음을 증명했다. 더 강한 거함 거포 전함을 보유한 세력이 아니라, 더 강한 항공 전력을 보유한 세력이 앞으로 바다를 지배하게 된다는 전쟁사적 전환이 이뤄진 것이다.

전함 야마토의 침몰 모습. 야마토는 오키나와전투
당시 미군의 공습을 받아 허무하게 격침되었다.
당시 야마토에는 3,332명이 탑승하고 있었고,
이 중 3,056명이 사망했다.

너희는 죽으면 야스쿠니에 간다

그러나 미국 해군이 항공 전력의 중요성을 자각하고 절치부심한 것과 대조적으로, 정작 그 전환을 직접 이뤄낸 일본 해군은 여전히 함대 결전 사상에서 깨어나지 못했다. 그 대가는 파국이었다. 1944년 이후, 일본 해군 항공대는 더 이상 미국 해군 항공대의 적수가 될 수 없었다. 뒤늦게 보충된 일본 해군의 항공 전력은 제 역할을 해낼 수 없었다. 일본군의 방어선은 붕괴됐다.

1945년 4월 1일, 미군의 오키나와 상륙이 시작되면서 전함 야마토는 건조 당시 아무도 상상하지 못했을 처참한 결말로 빨려 들어가게 됐다. 오키나와의 다음은 일본 본토가 될 것이었으므로, 일본 육해군의 지도자들은 오키나와 사수에 사활을 걸었다. 이들은 천호 작전天号作戰을 발령하고 모든 가용 전력을 오키나와에 쏟아부을 것을 결의했다. 이에 따라 도합 2,000여 기의 가미카제 특공기가 오키나와의 바다로 내몰렸다.

시선은 자연스럽게 전함 야마토를 비롯한 일본 해군의 잔존 수상함대에 쏠리게 됐다. 항공 전력도 '특공'에 총투입되고 있는 마당에 수상 전력은 도대체 무엇을 하고 있느냐는 문제제기가 일본 해군의 내부에서 불붙게 됐다. 야마토를 비롯한 잔존 함대를 모두 투입해봐야, 아무것도 성취할 수 없으리라는 것은 해군의 지도자들 모두가 분명하게 인지하고 있었다. 그러나 그들은 단지 '오키나와 사수를 위해 할 수 있는 모든 것을 다해야 한다'는 정신론에 경도돼 아무런 가망도 없는 죽음의 작전으로 야마토를 몰아세웠다. 야마토를 출격시킬 연료마저 부족하자, 심지어는 '어차피 생환 가능성이 낮으니 편도 연료만을 채우자'

는 극단론까지 튀어나왔다.

우여곡절 끝에 야마토는 왕복 연료를 확보하고서 출격할 수 있었지만, 이미 관계자 대부분은 야마토가 다시 일본으로 돌아올 수 있으리라고 기대하지 않았다. 무의미한 죽음에 몰린 야마토 승조원들 사이에서는 불안과 동요가 퍼졌다. 그리고 그들은 목적지인 오키나와에 채 닿기도 전에 미국 해군의 공습과 마주하게 됐다.

그해 4월 7일에 전함 야마토가 오키나와에서 격침되었습니다. 가라앉은 것입니다. 적의 공습을 받아서. 불침전함 야마토는, 뭐 거의 가라앉지 않는 배라고들 했으니까, 모두 그걸 타고 싶어 안달이었죠. 그치만 거기에 탄 사람들은 대부분 살아남지 못했네요. 전멸이었습니다. 전함 야마토에는 거의 4,000명 정도가 타고 있었으니까요. 구조된 사람은 겨우 200명 정도입니다. 거의 전멸이죠.

그런 이유로 뭐, 저는 간신히 카토리 항공기지에 가게 된 것을 다행이라고 생각했습니다. 그치만 참, 특공대를 보내는 것이 가장 마음이 아프더군요. 눈물을 흘리고 말죠. 이별이니까…… 그건 참 괴로운 일입니다.

1945년 2월경 통신학교를 졸업하고 카토리 해군항공기지에 배속된 기시 씨는 배속 직후부터 죽음이 일상화되는 상황에 놓였다. 전함 야마토에 배속된 전우 5명의 전사 소식은 기시 씨에게 큰 충격을 주었다. 그러나 그것은 시작에 지나지 않았다.

특공, 자살 공격을 명령받은 병사들

기시 씨의 부대였던 131항공대의 임무는 이른바 '특별공격'의 수행이었다. 마지막으로 이별의 술 한 잔을 나누고 출격하는 특공대원들을 지켜보면서 기시 씨는 크나큰 심리적 동요를 느꼈다.

요카렌에 들어간 건 좋았지만, 엄청난 곳에 들어간 것이라고 생각해요. 이제 언제 어느 때 죽을지 모르니까. 결국 특공 명령이 내려오면요, 특공. 가령 인간어뢰가 있었죠? 카이텐回天*이라는 것이죠. 그것을 타고 출격하라든가, 그 외에도 여러 가지 특공 병기가 있었으니까, 어디로 명령받을지 모르는 거죠. 제 부대는 그 카토리 해군항공기지 131항공대. 131항공대라는 것은 결국 '특공기'입니다. 그러니까 매일 말이죠, 대체로…… 매일 출격시키려 해도 더 이상 비행기가 없었으니까요. 대체로 일주일에 한 번인가 두 번 그 세 대씩 날아가는 거예요. 먼저 스즈카 비행장이 있어요. 스즈카라는 곳은 미에현 앞이군요. 거기에 가서, 그다음에 규슈 지란, 특공대가 나가는 곳이네요. 그곳으로 가는 것입니다.

그때는 뭐, 나갈 때는 이제 마지막이니까요. 기지를 나올 때 모두 전날 밤에 한잔해요. 이별의 술잔이네요. 그런 식으로

---

*　아시아·태평양전쟁 말기 일본 해군이 운용한 인간어뢰 형식의 특공 병기. 해치는 내부에서 개폐 가능했지만, 탈출장치는 없었고 한 번 출격하면 공격의 성패와 관계없이 승무원의 목숨은 잃게 되어 있었다.

가는 거지만, 역시 죽는다는 걸 아니까요. 그건 가엾은 거라 구요.

이른바 특공대가 세상에 처음 모습을 드러낸 것은 1944년 10월 레이테만해전에서였다. 일본 해군과 미국 해군 사이에 벌어졌던 레이테만해전은 인류 역사상 최대 규모의 해전으로 기록된다. '필리핀을 빼앗기면 일본은 말라죽고 만다'는 절박함에 일본 해군이 사활을 걸고 총력을 쏟아부었기 때문이다. 항공모함 4척, 전함 9척, 중순양함 14척, 경순양함 6척, 구축함 35척에 달하는 일본의 대함대는 필리핀 레이테섬에 상륙한 미군을 격멸시키겠다는 결의로 닻을 올렸다.

그러나 일본 함대의 화려한 수치 이면엔 패망으로 치닫고 있던 제국 일본의 현실이 적나라하게 드러나 있었다. 4개월 전의 필리핀해해전에서 항공 전력이 완파되고 말았던 일본 해군은 항공모함이라는 전략 자산을 의미 있게 운용할 수 없었다. 새로 보충된 조종사들은 흔들리는 바다 위에서 착함조차 해내지 못할 정도로 훈련 수준이 낮았다.

결국 진주만공습 이래 숱한 해전에 참가하며 일본 해군의 긍지로 빛나던 항공모함 즈이카쿠瑞鶴에 주어진 임무는 미국 해군의 눈을 돌릴 미끼 역할에 불과했다. 즈이카쿠가 미국 기동함대를 유인하는 사이 나머지 전함부대가 레이테만으로 진입해 미국 상륙군을 공격한다는 계획은 사실상 즈이카쿠를 버리겠다는 선언이나 다름없었다.

10월 25일 이른 아침, 무방비로 남겨진 즈이카쿠에 130기

침몰하는 항공모함 즈이카쿠의 갑판 위에서 만세를
외치는 수병들. 그들은 죽기 직전까지 정신적 무장을
독려하며 결사항전을 결의했다. 레이테만해전에서
침몰한 즈이카쿠에는 1,712명이 탑승하고 있었고,
이 중 843명이 사망했다.

에 달하는 미군기가 쇄도해왔다. 이미 제대로 응전할 전력조차
남아 있지 않았던 즈이카쿠는 미군기의 공습에 일방적으로 얻
어맞는 와중에도 '적 함대를 유인하는 데 성공했다'는 전보를
발신했다.

즈이카쿠는 임무를 다했고 어머니를 부르는 수병들의 울
부짖음 속에서 쓸쓸히 가라앉았다. 그러나 즈이카쿠의 희생에
도 전함부대는 무슨 까닭에서인지 레이테만으로 진입하지 않
았다. 작전은 대실패로 끝났다. 결과적으로 일본 연합함대는 레
이테만해전으로 궤멸 상태에 이르게 됐고 두 번 다시 재기하지
못했다.

1944년 10월 24일 전함 무사시가 필리핀
시부얀해에서 미군의 폭격을 맞고 있다.

    즈이카쿠가 침몰한 이날, 그 유명한 가미카제神風 특공대가
역사상 처음으로 모습을 드러냈다. 자기 자신의 생명을 던져 미
국 함대에 격돌하는 가미카제 특공대의 등장은 미국인들에게
엄청난 충격과 공포로 다가왔다. 가미카제는 일본어로 '신이 일
으키는 바람'이라는 뜻이다.

    그저 미끼로 쓰이다 침몰된 정규 항공모함, 전투기를 몰고
자폭하는 조종사들. 이날의 아비규환은 두 가지 사실을 방증했
다. 일본군이 정상적인 작전으로는 더는 미군에게 유효타를 입
힐 수 없다는 것, 정상적인 작전이 불가능할 정도로 몰락했음에
도 일본군은 절대로 항복하지 않는다는 것.

10월 25일의 첫 가미카제 공격을 지휘한 이는 제1항공함대 사령장관 오니시 다키지로大西瀧治郎 중장으로 알려져 있다. 그는 가미카제 공격 직전이던 20일에 직접 특공대원을 선발하고서 그들을 향해 다음과 같이 훈시했다. "일본은 지금 위기다. 이 위기에서 일본을 구할 수 있는 것은 젊은이들뿐이다. 따라서 국민을 대신해 부탁한다. 여러분은 이미 '신'이기 때문에 세속적 욕망은 없을 것이나, 나는 특공이 천황 폐하의 귀에 닿도록 하겠다."

첫 특공을 지휘했던 까닭에 오니시는 가미카제의 창시자로서 오랫동안 비판받아왔다. 그러나 오니시 개인의 독단만으로 가미카제가 탄생하는 게 과연 가능했을까. 사실 군인 개인의 희생을 전제로 한 '특공'에 관한 논의는 훨씬 더 오래전부터 일본 해군 상층부에서 논의되고 기획돼왔다.

1943년 8월 해군 군령부 참모진 내에서 처음으로 '필사필살必死必殺 전법'의 필요성을 제기하는 목소리가 등장했다. 수세에 몰리기는 했지만 아직 일본 해군이 미국 해군을 상대로 어느 정도 '전투다운 전투'를 벌이고 있던 시점이었다. 별 주목을 받지 못하던 특공 논의는 1944년에 접어들면서 급물살을 타게 됐다. 그해 2월, 일본 연합함대의 근거지인 트럭섬(태평양 남서쪽에 있는 섬)이 미군의 공격으로 큰 피해를 보게 되면서 해군 내 위기감이 고조됐다.

악화하는 전황을 뒤집을 대책이 절실했던 상황에서 진주만공습 당시 야마모토 이소로쿠 대장의 참모로 종군했던 군령부 제2부장 쿠로시마 카메토黑島亀人 소장이 특공 병기를 도입하

특공대원들 앞에서 훈시를 하고 있는 오니시
다키지로. 첫 가미카제 공격을 지휘한 이로
유명하다. 그는 1945년 8월 16일 할복 자살했다.

미군 전함으로 돌진하고 있는
가미카제 공격기.

자고 적극적으로 목소리를 높였다. 쿠로시마는 진주만공습의 성공 전력, 이미 전사한 야마모토 이소로쿠의 후광 등에 힘입어 군령부 내에서 강력한 발언권을 행사하고 있었다.

특공 도입을 주장하던 쿠로시마를 향해 일부 상식적인 군령부 참모들이 조심스럽게 이의를 제기했지만 소용없었다. 쿠로시마의 특공에 의문을 표했던 토리스 켄노스케鳥巣健之助 중좌는 전후의 해군반성회*에서 당시의 대화를 다음과 같이 증언했다. "저는 '이 병기(인간어뢰)는 절대로 써서는 안 된다, 6함대로서 거절합니다'라고 했습니다만, 쿠로시마 씨가 열화와 같이 화를 내더군요. 이 비상시에 무엇을 못 할쏘냐고, 국적國賊(역적)이라고. 국적 취급을 받았습니다."

특공은 거스를 수 없는 대세가 됐다. 해군 군령부 내부의 자정 능력은 마비됐고, 광기에 찬 특공 병기 투입안이 쇼와 천황에게 곧이곧대로 보고됐다. 천황은 자신의 이름으로 특공대원들을 죽음으로 몰아넣을 이 계획에 군말 없이 도장을 찍었다.

1944년 8월, 인간어뢰 카이텐과 자폭 보트 신요震洋가 신병기로서 정식 채용됐다. 1944년 10월 25일의 첫 가미카제 공격은 이미 제국의 지도부가 결정한 특공을 일선에서 실시한 것에 불과했다. 제국의 지도자들은 이 특공이 '군대'와 '국민'의 사기를 고양시킬 것으로 기대하고 대대적으로 선전했다. 이에 따라 특공을 찬미하는 영상과 출판물들이 쏟아졌다. 1945년 1월 25

---

* 해군 군령부와 제2복원성에서 근무했던 전직 고위 장교들의 비공개 모임. 1980년부터 1991년까지 11년간 131회에 걸쳐 모임을 가졌으며, 전쟁책임과 패전의 원인에 대해 서로 의견을 교환했다.

일 '최고 전쟁 지도회의'에서는 "국민총동원에 의해 전쟁을 계속하고, 특공을 주된 전법으로 한다"는 방침까지 세워졌다. 패전이 임박했던 1945년 6월, 군령부총장 도요다 소에무豊田副武 대장은 어전회의에서 "해군은 전군이 특공정신을 철저히 한다"고 발언했다.

이렇듯 특공은 이제 전 국민에게 요구되는 미덕이자 의무가 됐다. '일억총옥쇄' '일억총특공'과 같은 구호들 속에서, 누군가가 '항복'을 입에 담는 것은 있을 수 없는 일이었다. 특공은 적에게 물리적 타격을 입히는 전법을 넘어 전 국민의 사상을 통제하는 도구가 됐다. 이길 수 없는 전쟁은 그렇게 지탱됐고 무의미한 희생은 늘어만 갔다.

그렇다면 요란하게 선전되고 독려되었던 특공이 전쟁의 흐름에 얼마나 영향을 미쳤던 것일까. 탑승원의 목숨을 내던져 공격을 시도하는 특공 전법에 미군이 큰 충격을 받았던 것은 분명하다. 그러나 최초의 충격에서 벗어난 미군은 철저한 대책을 강구했고, 시간이 지남에 따라 미군의 화망을 뚫고 자폭에 성공하는 특공기의 숫자는 기하급수적으로 줄어들었다. 특공 병기의 부실한 설계와 무모한 투입 과정을 떠올려본다면 당연한 귀결이었다.

가령 '태평양을 뒤흔들라'는 일본 해군 상층부의 염원을 담아 '신요'라는 이름을 부여받은 비밀병기의 실상은 얇은 합판으로 만든 베니어 보트였다. 자동차 엔진을 단 약 5미터 크기의 이 베니어 보트에는 250킬로그램의 폭약이 탑재되었다. 즉 비밀병기라고 해봐야 보트에 폭탄을 싣고서 적 함선에 격돌하는, 고

당시 선전물.
"일기명중一機命中으로
신주神州(일본을 신의 땅으로
부르는 명칭)를 지킨다.
아아, 가미카제 특별공격대.
충렬忠烈이 만세에
빛나리"라고 쓰여 있다.

대의 화공선과 다를 것 없는 병기였던 것이다.

　해군 군령부는 '신병기'의 조건으로 '무게가 가벼울 것'과 '저예산으로 생산 가능할 것'을 주문했는데, 신요는 그 조건에 부합하는 최적의 모델이었다. 가볍고 저렴한 베니어의 이점 덕에 신요 보트는 순식간에 6,200척 이상 건조될 수 있었다. 문제는 보트 탑승원의 안전은 철저하게 외면됐다는 점이다.

　이 '신요특별공격대'에 배속된 것은 기시 씨와 같은 요카렌 출신의 10대 중후반 소년들이었다. 애당초 전투기 조종사로 양성됐던 이들은 전황의 악화와 함께 일본군의 항공기 보유량이 급감하게 되면서 설 자리를 잃어가고 있었다. 신요특별공격대는 '쓸모없어진' 그들이 '국가'를 위해 헌신할 수 있는 새로운 기

자폭 보트 신요. '태평양을 뒤흔들라'는
일본 해군 상층부의 염원을 담아 '신요'라는
이름을 부여받은 비밀병기의 실상은 얇은
합판으로 만든 베니어 보트였다.

회처럼 보였다. 이 보트를 조작하게 하기 위해 해군이 그들에게
할애한 교육 기간은 겨우 두 달 남짓이었다. 신요를 마주한 요
카렌 소년들은 그 조잡함에 경악을 금치 못했다. 길게는 2년 동
안 고난도의 비행 기술을 연마해왔던 요카렌 소년들은 자신들
의 종착지가 모터보트에 불과하다는 사실에 허탈감을 느꼈다.
그리고 그 모터보트의 재료조차도 거친 파도에 쉽게 부러지는
베니어와 자동차 엔진에 불과하다는 것에 깊이 절망했다.
　이 허술한 보트에 의지해 특공대원들은 적 함선을 찾아 긴

시간의 항해를 감내해야 했다. 항해 중 사고를 겪지 않고 무사히 적 함선과 마주하게 된들 보트의 얇은 목재 합판이 적의 사격을 견뎌낼 수 있을 리 만무했다. 적의 사격을 운 좋게 피해 돌진하는 데 성공한다 해도 탑승원의 탈출 대책 같은 것은 없었으므로 그들은 곧 죽을 수밖에 없었다. 탑승원의 안전을 보장할 수 없는 보트로 적에게 자폭해 타격을 입힌다는 발상이 실제 정책과 작전으로 구현된 것은, 당시 제국 일본에 횡행했던 인명 경시 풍조를 극단적으로 보여준 사례라고 할 수 있다.

물론 해군 내에도 신요의 운용에 대해 우려를 표하던 일부 상식적인 사람들이 있었다. 특히 이들은 탑승원의 죽음이 무조건적으로 전제되는 자폭 전술에 의문을 품고서 '탑승원이 탈출하여 생환하게 할 수 있는 방법'을 강구해야 한다고 지적했다. 그러나 이들의 주장대로 탈출 장치가 고안되는 일은 없었다. 최종적으로는 적 함선에 보트가 충돌하기 전에 탑승원이 보트로부터 스스로 이탈하는 방법이 제시됐다. 하지만 보트의 불안정성을 고려했을 때 탑승원이 충돌 직전에 보트에서 뛰어내리면서 특공을 성공시킨다는 것은 사실상 불가능에 가까웠다. 이 비현실적인 방법 제시를 끝으로 탑승원 생명 보장에 대한 논의는 자취를 감추고 말았다.

전황이 악화하는 가운데, 신요 부대는 필리핀, 오키나와, 심지어는 제주도에 이르기까지 장차 연합군과의 결전이 예상되는 주요 지역으로 급파됐다. 그러나 이미 연합군이 제해권과 제공권을 확실하게 장악하고 있던 상황에서 신요 부대를 실은 일본군 수송선은 손쉬운 먹잇감에 지나지 않았다. 운 좋게 겨우 목표 지역까지 도착해도 그것으로 끝이 아니었다. 연합군의 공습이나 보트의 자체적인 폭발 사고로 인해 출격조차 못 해보고 목숨을 잃는 대원들이 늘어만 갔다.

출격 기회를 얻는다고 해도 공격을 성공시킬 뾰족한 수가 있는 것이 아니었다. 그저 보트들을 일렬횡대로 전개해 적의 사격을 분산시키는 것이 공격의 성공 가능성을 높이는 유일한 방법이었다. 자폭 보트를 이용해 적의 상륙작전을 저지한다는 것은 처음부터 허황된 발상이었다는 게 전쟁이 지속되면 지속될수록 분명해졌다.

결과적으로 미군을 상대로 한 특공의 전과는 미미했던 것으로 평가된다. 신요 공격에 의해 격침된 연합군 함선의 숫자는 미국 측 추산에 따르면 겨우 4척에 불과했다. 일본 해군 상층부가 신요를 입안하며 전세를 단숨에 역전시키겠다고 호언장담했던 것을 상기해본다면 참으로 초라한 실적이었다. 반면 전쟁 말기에 목숨을 잃은 신요 특공대원의 숫자는 2,500명을 웃돌았다.

이 처참한 결과는 신요만의 이야기가 아니다. NHK가 방위연구소를 인용해 2009년 보도한 바에 따르면 인간어뢰 카이텐의 명중률은 2퍼센트밖에 되지 않았다. 바꿔 말하면, 나머지 98퍼센트의 카이텐 대원들은 적함에 닿지도 못한 채 어두운 바닷속에 영영 가라앉고 만 것이다.

헛된 죽음이라고밖에 달리 표현할 길이 없는 특공대원들의 희생. 도대체 그들의 희생에는 어떤 의미가 있는 것일까. 의미 없는 특공에 동원된 것은 대부분 10대 중반에서 20대에 이

르는 소년들과 청년들이었다. 1990년 특공대위령현창회特攻隊慰
靈顯彰会의 발표에 따르면 육해군을 합해 5,838명의 장병들이 특
공에 출격했다가 목숨을 잃었다. 그러나 제국의 지도부는 어린
청춘들을 자폭으로 내몰고도 패전을 막아내지 못했다. 패전을
막아내지 못했을 뿐만 아니라 특공에 대한 책임을 어떻게든 회
피하고자 했다.

패전 직후, 해군 군령부는 연합군사령부에 의해 전쟁 중의
'특공'이 '전쟁범죄'로 심판될 것을 우려했다. 이들은 연합군의
추궁에서 어떻게 빠져나갈 것인지 골몰했고 그 매뉴얼을 체계
적으로 정리해나갔다. 그들이 내놓았던 매뉴얼은 의외로 전쟁
당시의 선전과 일맥상통했다. 해군 군령부는 특공이 상층부의
명령에 의해 실시된 사실을 강력히 부정하며, 특공대원들의 출
격은 어디까지나 자발적인 것이었다고 주장했다. 즉 국가가 절
체절명의 위기에 빠진 상황에서 일선 장병들이 애국심에 따라
자발적으로 행한 것이므로 비인도적인 전쟁범죄와는 전혀 다
르다는 것이 그들의 논리였다.

결과적으로 특공에 대한 책임을 지고 누군가가 전범으로
기소되는 일은 일어나지 않았다. 최초의 가미카제 공격을 지휘
했던 오니시 다키지로는 '2,000만 국민을 특공으로 보내면 반
드시 승리한다'고 주장하며 마지막 순간까지 항복에 반대하다
가 1945년 8월 16일 자살했다. 특공 병기의 도입을 위해 동분서
주했던 쿠로시마 카메토는 공직에서 추방되는 정도로 일신의
안위를 보전했고, 이후 기업체 임원으로서 안락한 여생을 보냈
다. 쿠로시마는 사망할 때까지 특공에 대해 입을 열지 않았다.

그 외의 관계자들 역시 '특공은 자발적인 것'이라는 책임 회피 매뉴얼을 충실히 이행했다. 이쯤 되면 '마음으로는 반대했지만 당시에는 차마 목소리를 내지 못했다'는 정도의 회고는 차라리 양심적인 것으로 보일 지경이다.

총력전 수행과 전쟁책임 회피 과정에서 구축되고 이용됐던 특공 예찬론은 오늘날 일본 사회에도 여전히 그 그림자를 드리우고 있다. 특공은 물론 전쟁 자체에 대한 사회적 기억이 희미해져가는 가운데, 일본회의와 같은 국수주의 집단들은 특공 신화를 통해 국민의 애국심을 자극하고 자신들의 존재 이유를 설명하고자 하는 것이다.

당시 조선인들 역시 '천황의 신민'으로서 몸과 마음을 바쳐 헌신할 것을 요구받았다. 조선인들에게도 특공은 남의 일이 아니었다. 사실관계가 불분명한 해군은 논외로 하고, 육군의 사료를 검토했을 때, 당국으로부터 '특공사'한 것으로 인정받은 조선인의 수는 17명에 달한다.[33] 훈련 중에 사고사하거나 일반 전투에서 격추된 자, 군법회의에서 처형된 자 등은 아예 '특공사'로 이름을 올릴 수도 없었다.[34]

조선총독부는 '하늘에 대한 동경'을 적극적으로 군사 동원에 이용했고, 미디어는 앞다퉈 조선인 특공대원들의 '특공사'를 내선일체의 모범으로 예찬했다. 가령, 육군항공학교 제14기생으로 합격한 이현재의 향토 방문을 맞아 시인 모윤숙은 〈어린 날개〉라는 시를 쓰고 "고운 피 고운 뼈에 한 번 삭여진 나라의 언약 아름다운 이김에 빛나리니 적의 숨을 끊을 때까지"라고 그를 찬양했다.[35] 1944년 11월 29일, 조선인 최초의 특공대원

인재웅이 출격하여 전사하자 "그의 집에는 기자와 조선총독부 관계자, 군 관계자들이 잇달아 방문하였고, 그때의 인터뷰 내용이나 인재웅의 일기, 편지는 신문뿐 아니라 잡지, 라디오, 영화 등 당시 가능했던 모든 매체를 통해 공개"되었다. 인터뷰에 응한 유족은 "육친의 죽음을 애도하는 것이 아니라 일가의 자랑이라고 강조"할 수밖에 없었다.[36]

아시아 각지에서 쓰러지고 태평양의 바다 아래 가라앉은 조선인은 특공대원들뿐만이 아니었다. 일본 측의 전후 발표에 따르면, 1931년 만주사변에서 1945년 제국 일본이 패전하기까지 군속 9,963명, 군인 6,377명 등 총 1만 6,340명의 조선인이 제국의 신민으로 동원되어 목숨을 잃었다.[37]

"안심하고 죽어라, 야스쿠니신사에 모셔질 테니"

이와 같은 암울했던 시대에 기시 씨의 전우들은 '특공' 혹은 '옥쇄'라는 미명하에 목숨을 잃었다. 기시 씨는 특공으로 출격하는 전우들을 보며 슬픔을 금할 수 없었다. 그것은 '나라를 위한 숭고한 죽음'이라는 미사여구로 수식해서 무마할 수 있는 감정이 아니었다.

죽음은 결코 강 건너 남의 일이 아니었다. 본인의 목숨 역시도 미군의 공습으로 위협받고 있는 상황이었다. 그는 카토리 기지를 덮쳤던 미군의 공습을 생생하게 기억하고 있었다.

카토리 기지에 온 지 벌써 10일 정도 지났을 때입니다. 그라만Grumman*이라는 함재기가 엄청난 공격을 해왔네요. 함재기, 미국의 그라만입니다. 그게 순식간에 기지를 휩쓸었습니다. 기총 소사가 딱 왔고, 저는 그때 막 당직실이 있는 2층에 있었어요. 그래서 전보를 쳤어요. 저는 그날 아침 8시부터 당직이었고, 그래서 죽기 살기로 무선을 잡았네요. 기상 전보도 치고. 그렇게 아주 너덜너덜해졌네요.

그전에 말이죠, 그거예요. 저, 정찰기가 나가거든요. 일본 정찰기가 저만치 나가 있는데, '적기 발견'이라는 전보를 보내왔거든요. 하지만 그게 말이죠, 뭐라고 해야 할까요. 통신장님이 이번에는 함장님께 보고드려야 하는 것인데, 보고가 조금 늦었던 걸까요. 그러니까 기습 같은 게 되어버린 것이죠. 공습에 아주 된통 맞아버려서, 뭐 희생자가 상당히 많이 나온 것 같습니다. 그래서 나도 뭐 이건 글렀다고 생각해서……

죽음이 일상처럼 벌어졌던 그때 상황을 기시 씨는 '이제 언제 어떻게 죽을지 모른다'고 회상했다. 엄습해오는 죽음의 그림자, 그 그림자에 직면한 기시 씨와 주변 전우들은 슬픔, 공포, 절망과 같은 인간적 동요를 억누를 수 없었다.

앞서 언급한 전함 야마토에 배속된 동기들에 관한 이야기에서 삶과 죽음의 경계에서 생기는 동요를 좀 더 분명히 엿볼

---

* 미국의 군용기 제조업체. 일본군은 해당 업체에서 제조된 미군기를 그라만이라고 불렀다.

수 있었다. 기시 씨는 격침된 전함 야마토가 아니라 카토리 해
군항공기지에 자신이 배속된 것에 대해 '운이 좋았다'고 생각하
면서도 그런 자신이 '비겁하다'고 느꼈다.

해군 카토리 항공기지라고 하는데요, 거기에 배속되어 가게
된 것입니다만. 저는 뭐, 그, 원래는 10명이 배속되는 것이었
지만, 5명은 전함 야마토에 가게 되었어요. 결국 그들 전원이
전사해버렸지만요. 그래서 저는, 뭐, 이제 5명은 뭐랄까, 운
이 좋았던 겁니다. 운이 좋았지만 참 비겁한 게 되어버렸네
요. 그런 말은 못 하겠지만 말이야. 어쨌든, 그렇게 카토리 기
지에 오게 되었습니다.

전함 야마토가 아닌 카토리 기지로 배치된 덕에 전사를 피
했다는 안도감, 그리고 이어지는 수치심. 이는 '폐하의 자녀'로
서 국가를 위한 죽음을 각오한 과거의 결의와, 요카렌 교육 속
에서 형성된 군인으로서의 자각이 죽음을 두려워하는 인간의
생존 욕구와 충돌하면서 나타난 슬픈 모순이었다.

죽음을 앞두고 내면에서 나타난 이와 같은 동요와 혼란은
미군의 공습이나 특공대원의 출격 배웅 등의 경험이 누적되면
서 더욱 깊어졌다. 죽음이 일상화된 상황에서 군 상층부는 정신
력을 강조하며 극복하려 했지만, 그럼에도 장병들의 감정을 완
전히 통제하지는 못한 것으로 보인다.

기시: 가장 불쌍했던 것은요, 연습 중에요, 연습기가 왠지 갑

자기 이상해져서 추락해버렸습니다. "뭐야, 뭐야?!" 이러다
가 "빌어먹을!"이라고 하고는 밑으로 떨어져버렸습니다. 그
래서 결국 하나의 살점밖에 남지 않게 되었지만⋯⋯ 그때는
말이죠, "아, 어제까지만 해도 그 자식 멀쩡했는데 오늘은 벌
써 끝장이구나⋯⋯"

박: 연습 중에 말입니까?

기시: 연습 중에요, 연습기가 추락해버린 것입니다. 그때는
참⋯⋯ 끔찍했습니다.

박: 그런 사고가 벌어지면 상관들은 뭐라고 하나요?

기시: 그건 뭐, 기합이 빠졌다고 하죠. 기합이 안 들어갔으니
까 그런 사고를 일으키는 거라고. 결국은 그 뭐랄까? 정신적
으로 기합이 부족했다는 거군요. 제대로 힘을 주고 했다면 그
런 일은 없었을 거라는 말입니다. 그건요, 비행기 사고는 조
종병이 잘못한 것인지, 아니면 비행기가 어딘가 고장이 나
서 떨어진 것인지, 그걸 알 수 없어요. 이미 떨어지면 끝장이
니까, 비행기만. 그래서 이제 어쩔 수 없죠. 비행기는 그렇죠.
열심히 연습해서 실력이 더 늘고 그래서 잘하면 좋겠지만. 이
제 비행기도요, 참, 고장만 날 것 같은 비행기는 무섭습니다.
이건 차랑 똑같아, 정말. 엔진이 고장 나면 끝장이니까.

훈련 중이던 연습기가 추락해 그 탑승원이 사망하고 만 끔
찍한 사고. 이를 목격한 기시 씨는 정신적으로 큰 충격을 받았
다. 상관들은 사고 원인으로 '기합' 문제를 제시하면서 정신의
중요성을 강조했지만, 기시 씨는 그러한 훈시를 곧이곧대로 믿

지 않았다. 그는 비행기 사고가 조종병의 과실로 인한 것인지, 기체 결함에 의한 것인지 의문을 거두지 못했으며, 급기야는 비행기 자체의 안정성을 불신하기에 이르렀다. 연습기 사고에 대한 기시 씨의 부정적인 감상은, 위로부터의 정신력 강조에도 불구하고 장병들의 심리가 흔들리는 경우가 있었음을 시사한다. 상명하복의 질서나 집합의식의 강요가 개인의식 단위의 동요를 완전히 통제할 수는 없었던 것이다.

그럼에도 대부분의 장병들은 제국 일본이 항복하는 그날까지 각자의 위치를 지켰다. 이들은 어떻게 최후의 순간까지 전쟁 수행의 부속으로 기능할 수 있었던 것일까.

'야스쿠니신사'는 인터뷰를 진행하는 내내 귀에 꽂혔던 단어였다. 야스쿠니신사에 관한 이야기를 들으면 들을수록, 야스쿠니 신앙은 일상화된 죽음의 동요를 억제하는 강력한 장치였다는 인상을 받게 되었다.

입대하기 전에 해군에서 말이죠. 들어가기 전부터 "너희는 죽으면 야스쿠니에 모셔질 수 있으니까" 하고 말해요. 이제 죽으면 신이 될 수 있다는 말이죠. 야스쿠니신사라는 것은, 그러니까 이제 안심하고 죽으러 가라는 것입니다. 그런 교육을 받았으니까 상당히, 그렇죠. 그러니까 죽음은 별로 두려워하지 않았죠. 결국 교육이 그러한 교육이었으니까……
그래서 우리로서는 실로 야스쿠니신사라고 하는 것은 신성한 존재였던 것입니다. 굉장히 신성하니까, "죽으면 야스쿠니에 갈 수 있다고, 죽으면 모두 전우들과 만날 수 있다"고 했죠. 왠지 이제 꿈같은 이야기지만, 어쨌든 "야스쿠니에서 만나자!"라는 식으로 되어버린 것입니다. 네, 그러니까 뭐 야스쿠니신사에 들 테니까 무조건 이렇게 열심히 하라는 뜻이죠. 역시 야스쿠니에 모셔지는 신이라는 것은 실로 그렇죠. 신사라는 것은 무척 존귀한 것이라고 생각해버렸지요. 그러니까 우리로서도 뭐 어쩔 수 없었기 때문에, 어쩔 수 없다고 하는 건 이상하지만, 뭐 반대할 수는 없었으니까요. 그러니까 결국 젊은 사람들은, 그 당시에는 그런 사상으로 교육받았으니까요. 그러니까 정말 너무 거기에 몰입해서 죽음이라는 것을 별로 두려워하지 않았지요. 신사에 모셔지니까, 다 같이 만날 수 있다고요. 왠지 꿈같은 이야기인데요? 그런 시절이 지나갔네요.

아, 저도 역시 죽게 되면 야스쿠니에 갈 수 있겠구나, 하는 생각은 있었지요. 역시 그런 교육을 받았으니까, 자연히 그렇게 되는 거 아닙니까? 역시…… 그게 군인이라면 정말 '반드시 죽는다'라는 그런 게 이미 있었으니까요. 살아서 돌아온다는 생각은 거의 하지 않았어요. 젊었을 때는. 그래서 지금 생각해보면, 바보 같은 생각을 했었구나 싶은데. 음, 교육에 많이 좌우되는 것이네요. 교육이란 게 그만큼 무서운 거라구요, 역시.

천황이나 국가를 위해 죽으면 야스쿠니신사에 갈 수 있다는 것, 그리고 그곳에서 신으로 모셔지는 가운데 전우들과 재회할 수도 있다는 신앙은, 죽음에 직면한 장병들을 위로하는 중요한 장치였다. 야스쿠니신사의 존재로 인해 죽음을 두려워하지 않게 되었다는 기시 씨의 이야기는, 장병들의 사생관에 야스쿠니신사가 얼마나 큰 영향을 끼쳤는지 엿볼 수 있다.

죽음을 앞둔 장병들의 심리

그러나 야스쿠니신사의 존재가 장병들을 위로하는 역할을 했다고 해도 죽음에서 생기는 동요 자체를 차단할 수는 없었다. 기시 씨의 술회는 강박적으로 이루어진 야스쿠니신사에 관한 교육에도 불구하고 사람들이 인간적인 공포와 슬픔, 연민을 억누르지 못했던 당시의 현실을 전한다.

기시: 그거는 무서워요. 역시 죽는다는 것은 그다지 좋지는 않죠. 특공대에 간다고 하면 결국 눈물을 흘리게 된다니까요. 눈물을 흘렸네요. 겉으로는 애써 웃고 이래도. 헤어지기 전에 송별회 하잖아요? 송별회라고 부르면 이상하지만 말이죠. 축하연이라고 해서, 축하배 '술잔'이라는 게 있어요. 뭐, 그런 겁니다. 헤어지기에 앞서 술을 마시거든요.

박: 아, 술을 드셨군요. 그러면 죽으면 야스쿠니신사에 갈 수 있다는 점에서 안심은 하지만, 한편으론 뭔가 무서운 감정이나 슬픈 감정도 들었겠군요?

기시: 그건 정말, 내심은 이제, 죽을 각오니까요. 죽는 것이 이제 절대 필사적인 것이 되니까요. 정해져 있으니까, 그건 정말 참담해요. 그래서 집합 같은 데서 말이죠, 그 송별회 그거

할 때, 주계병(조리병)이 이렇게 맛있는 것을 많이 가져와요. 그래도 개중에는 날뛰는 사람이 있어요, 역시.

박: 죽고 싶지 않아서요?

기시: 그런 것이군요. 그렇지만 그런 것은 다른 모두에게 말할 수 없으니까……

박: 말할 수 있는 분위기가 아니었어요?

기시: 역시나 입도 뻥끗할 수 없었지요. 결국, 내일은 죽는다는 것, 나가면 죽는다는 것을 알고 있으니까요. 그래서 우리 통신병들은 자주 "이봐! 저 사람 드디어 마지막이니까 무전은 확실히 해줘!"라는 말을 들었죠. 마지막의 그것을 말이죠……

'타탓' 하고 전보를 쳐서 입력하는 것인데, '타타타탓, 타타탓' 하고 말이죠. '탓타탓' 하고 이렇게 치잖아요? 그래서 '뚜우' 하고 신호가 사라지면, 이미 그때는 죽었을 때니까…… 그러고는 몇 번 기, '타탓'…… 저기, 결국 전사하는 것이 되어버립니다. 그러니까 무선을 받는 입장에서도 진짜 기분이 좋지 않은 거예요. 무전이 오다가 '뚜우' 하고 꺼지면, 정말로 적함에 돌입했다는 거니까. 적함에 닿지 못하고 바다에 떨어졌다고 해도 이미 끝장난 거죠. 적 포화에 맞게 되면 이제 뭘 하든 소용이 없어요. 그럴 때는 전부 다 그 몇 번 기가 떨어졌다든가 하는 것을 모두 기록하지 않으면 안 돼요. 스윽 하고 무전이 들어오니까요.

박: 그 무전을 다룰 때 느끼는 감정은 어떠셨어요?

기시: 그것 참, 마음이 아프죠. 누가 죽었다고, 누구누구 전사,

너희는 죽으면 야스쿠니에 간다

1944년 11월 25일 미군
항공모함 에섹스로
돌진하는 야마구치
요시노리 중위의 특공기.

　누구누구 죽었다고 이제……

　기시 씨가 전하는 특공대원 출격 과정에서 죽음을 앞두고
극한에까지 몰린 장병들의 심리 상태가 여실히 드러난다. 야스
쿠니신사에 대한 믿음으로도 덮을 수 없었던 죽음에 대한 거부
감은 눈물이나 난동 등 물리적 반응으로 나타나기도 했다. 그리
고 이를 지켜보는 기시 씨 등은 참을 수 없는 슬픔을 느꼈다. 특
히 통신병이었던 기시 씨는 출격한 특공대원이 죽음에 이르기
까지의 과정을 끝까지 지켜봐야만 했다. 특공대원들의 죽음을
마주하며 그는 형언할 수 없는 번민과 아픔을 느꼈다. 기시 씨
가 이러한 심리를 술회한 것은 전쟁 상황에 놓인 개인의식의 흐
름을 보여주는 중요한 대목이다. 즉 '폐하의 자식'으로서 다졌
던 죽음의 각오조차도, 인간성이 말살되는 극한의 전쟁 체험 속

에서 해체되고 있었던 것이다.

기시: 있잖아요, 죽은 사람들은요, 그 당시에는 모두 "나는 나라를 위해서 죽어간다"고 말했어요. 하지만 나라를 위해 죽어간다고 하면서도 역시 부모님을 생각했지요. 네, 말로는 나라를 위해서라고 하지만, 속마음은 '우리 아버지나 어머니는 어떠실까?'라는 게 아니었을까요? 네, 그래서 전쟁으로 죽어간 사람들을 생각하면 가엾지요. 그들은 자신의 부모를 잊을 수 없지 않았을까요?

박: 결국 입으로 말하는 것과 속마음은 좀 달랐군요?

기시: 그래요, 그건 좀 역시 다르네요. 자신의 부모님이야말로 가장 고귀한 존재이지 않았을까요? 뭐, 그렇게 교육을 받았으니 말로는 '나라를 위해서'라고 합니다만, 속마음은 '부모님은 어떠실까?' 이런 것을 생각하고 있었어요. 우리도 그랬거든요. 역시…… 일단 뭐 전쟁터에 나가면 '아, 내가 죽으면 어떨까?'라고 생각할 수밖에 없어요. 네, 그러니까 말이죠, 그렇게 죽은 특공대원들은 정말로 불쌍하지요…… 정말 이제 날아오르면 끝은 이미 피할 수 없는 죽음이니까요. 정말이지 좀처럼 그런 기분은 익숙해지지 않아요. 특공으로 출격한다는 것은……

박: 지금 시대에서는 생각할 수 없겠죠?

기시: 그래요. 목숨을 진짜로 버리는 것이니까. 그것 참 불쌍한 일이죠. 하지만 우리도 한때는 그런 생각을 했으니까요. '어뢰를 타라는 명령을 듣게 되면, 카이텐을 타고 출격할 수

밖에 없겠지?'라든가. 네, 생각했지요. 역시 말이죠. 명령이라면 그건 어쩔 수 없으니까요. 무슨 일이든 할 수밖에 없어요. 그렇게 교육을 받으니까…… 그러니까 교육이 무섭다는 건 그것이거든요. 그렇죠, 교육이란 게 얼마나 무서운 것인가. 그게 말이죠, 역시 문제는 교육이에요. 결국 죽지 않으면 절대 상대를 이길 수 없다는, 그러니까 종이 한 장 차이죠. 죽음이란 것은…… 뭐랄까, 음…… 아, 하지만 정말이지, 적탄이 날아왔을 때는 역시 절실히 생각해요. '아! 이제 끝장난 건가?' 이렇게. 총알이 날아올 때 처음 드는 생각은 '아! 죽는 건가?' 이런 것이죠. 정말 그런 것을 하나하나 떠올리면…… 다들 같은 생각입니다. 전우들도 "어이, 무섭지 않았냐?" "난 안 맞아서 다행이지만……"이라는 식의 이야기들이 나와요. 실제로 총알이 빗발치는 건, 역시 무서운 거예요.

앞서 살펴본 바와 같이, 학교교육과 군대교육의 중요한 목적은 일반 국민과 장병들에게 '나라를 위해 목숨 바쳐 싸우겠다'는 의지를 배양시키는 데 있었다. 그러나 교육을 통해 형성된 각오는 극한의 전쟁 상황에서 흔들리기도 했고, 심지어는 해체되기도 했다.

기시 씨의 이야기를 통해 천황이나 국가에 대한 충성보다는 가족애나 인간적 공포를 더 극명하게 느끼게 된 개인의식 단위의 동요가 어떠했는지를 볼 수 있다. 그러나 생애 전반에 걸쳐 형성된 신념마저 동요하게 되는 상황에 이르렀음에도 개인이 자기의지대로 생과 사를 선택할 수는 없었다.

오키나와전투 당시 미군 함정으로
돌진하는 가미카제 특공기.

너희는 죽으면 야스쿠니에 간다

기시: 역시나 옥쇄하면 곧바로 전보가 올 테니까요. 그건 비행기의 경우도 마찬가지입니다. 벌써 몇 시 몇 분 비행기라고. 돌격해서 자폭할 때 있잖아요. 자폭하러 돌격할 때, 음, 우리들이 수신하고 있으면, 그 몇 번 기, '탓, 탓, 타타타, 뚜뚜뚜, 타타탓'이라고 신호가 옵니다. 하늘로 날아가서 무선 올 때. '타타타, 뚜뚜뚜우, 타타타앗, 타타앗' 이렇게 와서 '뚜우' 하고 칠 때는 뭐, 비행기가 뜨는 거죠.

그래서 딱 신호가 멈췄을 때가 되면, 뭐 충돌하거나 피탄됐을 때죠. 신호가 사라졌을 때는 끝이에요. 그걸 몇 시 몇 분이라고 이쪽은 기록합니다. 시간 14시 53분이라고 모두 그 시계를 보고 쓰고, 그렇게 몇 번 기 돌격이라고. 그리고 끝이에요. 그것을 하나하나, 저, 다른 말은 못 합니다. 몇 번 비행기에는 누가 타고 있는지 금방 알 수 있었습니다.

박: 신호가 멈추고 그 시간을 기록해야 하는 기분은 정말……

기시: 그건, 정말 처량해요. 신호가 팍 끊기면 끝이에요. 그때는 정말…… 자폭했는지 어떻게 되었는지 알 수 없는 경우는요, 제대로 전보를 쳐야 해요. '타타앗, 타타, 타타앗, 타타' 하고 치고 '뚜우, 타타탓, 뚜우우타타타앗'이라고 쳐서 작업하는 것입니다.

그렇게 해서 비행기가 만약 무사히 돌아오면, 그 신호를 따라 돌아오는 것입니다. 전파를 향해서. 그런 작업을 한 1시간 정도 하죠. 그런데 1시간 정도 했는데도 더 이상 돌아오지 않으면 중단합니다. 그것으로 끝입니다. 그렇게 되면 이제 그 비행기는 어디로 갔는지 잘 모르겠지만, 어쨌든 뭐, 이제 몇 번 비행기는 벌써 '전사'로 처리되어버리는 것입니다.

박: 그럼 특공을 실제로 하지 않고 돌아온 비행기도 있었다는 것이군요?

기시: 그런 경우도 있었습니다.

박: 그렇게 돌아오면 어떻게 되나요?

기시: 뭐, 혼나는 것은 없지만, 본인은 한심하다는 듯한 얼굴을 하고 있어요. 이렇게 목숨을 건졌다면 정말 기뻐할 만한 일일 텐데, 실제로는 그렇지 않나 봐요. 어두운 얼굴을 하고. 몇 번 기 무사히 돌아왔구나 하면, 이제 모두 입을 다물고 있어요.

하지만 곧 또 출격할 테니까요. 어쨌든 곧 죽는다는 것은 알고 있단 말이에요. 네, 이미 특공대로 정해지면요, 한 번 돌아와도 그다음에 또 나가게 되어 있어요. 비행기가 고장 난 경우라든가 여러 상황이 생기면 어쩔 수 없지만요.

출격하는 특공대원이나 그것을 지켜보는 사람 모두 크나큰 심적 부담을 느꼈다. 그러나 그 고뇌와 고통에도 많은 특공대원들은 명령에 따라 자신의 목숨을 희생할 수밖에 없었다. 이는 집단의식을 개인의식이 거스를 수 없었던 현실을 드러낸다.

기시 씨는 '일단 명령을 받게 되면 절대 싫다고 할 수 없는' 상태가 된 일본 군인들의 심리를 '교육'의 영향이라고 설명했다. 그 교육을 통해 세뇌된 그들은 결코 '옥쇄'나 '특공'을 거부할 권리가 없었다.

너희는 죽으면 야스쿠니에 간다

박: 특공은 본인의 지원에 의한 것이었나요?

기시: 아니, 그건 말이야, 사실은 대장님의 명령으로…… 가게 되는 경우도 있지만, 대체로는 말이죠, "지원해달라"고 말합니다. 그런데 거기다 대고 싫다고는 할 수 없어요. 모두 지원하는 겁니다.

박: 형식적인 지원이라는 것인가요?

기시: "예! 예! 예!" 하고 모두 지원해요. 10명 있으면 10명 모두 지원하니까…… 그러면 '누구 누구'라고 지목하죠. 대략 정원이 3명뿐이라고 하면, 3기만 출격하게 되겠죠? 어쨌든 손을 안 드는 사람은 없을걸요? 이제 전부 다. 그 점은 뭐랄까, 역시 지원하는 게 올바르다는 분위기죠.

박: 손을 들지 않으면요?

기시: 아, 그건 좀 이상해, 이상하지요? 혼자만 손 안 들고 모른 척하면 어때요? 이상하죠?

박: 분위기가 느껴지겠네요?

기시: 네, '뭐야, 이놈은?' 하고 여겨지잖아요.

기시 씨는 특공의 지원이 형식적인 것이었다며 지원하기 위해 손을 들지 않는 것은 주변의 분위기에 비추어 '이상한' 일이었다고 회상했다. 특히 분위기를 거스르지 못하고 특공대에 지원했음에도 성공하지 못하고 기지로 돌아온 특공대원들은 자신의 생환을 기뻐하지 않았을 정도로 강요된 분위기에 압도당했다. 기뻐하기는커녕 오히려 스스로가 한심하다는 듯이 어두운 표정을 지을 수밖에 없었던 것이다. 그들은 일본 국민으로서, 군인으로서 의무를 완수하는 데 실패한 개인일 뿐이었다.

"그래, 내가 제일 먼저 죽자"

한편 이오섬과 함께 옥쇄의 우려가 크다고 평가된 하이난섬에 배치된 히로토 씨 역시 처음부터 죽음의 각오를 피할 수 없었다. 이미 '정신교육'을 통해 각지에서 반복된 일본군 부대의 옥쇄 사태에 대해 알고 있던 히로토 씨는, 1944년 12월 31일 일본에서 출항해 하이난섬으로 향할 때부터 죽음을 각오했다고 한다.

히로토: 소위로서 그 중국 하이난섬 경비대 쪽으로 배속되었습니다. 결국 내지에서 출발한 것은 1944년 12월 31일입니다. 31일에 그 규슈의 모지門司에서 항공모함을 탔죠. 왜 12월 31일이냐면, 31일이니까, 뭐랄까, 적 잠수함이 활동하지 않을 것이라는 계산 때문일 것 같은데요.

여하간 항공모함에 탑승해서 갔는데요. 하지만 그때 항공모함도 말이죠, 직접 타봤더니 함재기가 한 대도 탑재되어 있지 않은 겁니다. 결국 말이 항공모함이지 수송선하고 다를 게 없네요. 그리고 특공 병기 같은 것 말이죠. 그런 유의 폭탄이나 병기는 잔뜩 싣고 있었어요. 그 일부의 틈바구니에 저희가, 그 예비학생 장교들이, 땅바닥에, 갑판에 앉아 있다가 혼나곤 했던 시절이었죠. 그렇게 항해하다가 하이난섬에 도착한 것

해군병과예비학생 졸업 당시의
히로토 씨(1944년 12월, 23세).

히로토 씨가 탑승했던 항공모함 류호.

이 1945년 3월입니다.

당시는요, 이미 일본에 제해공권이라는 게 전혀 없었기 때문에 참 고생했어요. 잠수함에 쫓기다가 하마터면 침몰할 뻔하기도 하면서 대만, 홍콩을 거쳐서 3개월이 걸렸습니다. 저기, 하이난섬에 도착하기까지요. 겨우 도착해서 그리고 그⋯⋯ 저는 소위 말하는 '육전'으로 술과학교를 나왔으니까, 이른바 마린, 당신과 같은 해병대죠. 그러니까 그 당시는 병과가 육전이었죠. 말이야 육전이었지만 결국 실제 임무는 대게릴라 작전이라던가, 진지 구축이라던가, 그런 것들뿐이었습니다. 이와 관련된 것들을 공부했고, 분견대장으로 하나의 지역을 맡게 되었습니다. 지역의 분견대장으로 50명 가까운 부하들을 통솔하게 되었습니다. 음, 지역의 현안들도 다뤄야 했고요. 그리고 무엇보다 미국의 상륙이 다가왔으니까요. 교대로 진지 구축에 매진해야 했죠. 그때는 이미 미국에서 정찰기가 매일 계속 왔습니다. 그것을 보며, "나는 언제 죽게 될까?" 하고 생각했죠.

박: 1944년 12월 31일, 그때 항공모함을 타신 거잖아요? 그때면 일본이 전쟁에서 진다는 걸 알 수 있을 무렵이죠?

히로토: 그렇습니다, 그렇습니다. 그래서 저는 더 이상 살아서 돌아갈 생각이 없었습니다. 그때는요.

박: 아, 희망이 전혀 없었나요?

히로토: 없었어요. 이제 죽으려고 생각했습니다.

박: 일본이 지고 있다는 것을 이미 알고 계셨습니까?

히로토: 그런 것보다는, 어쨌든 나 자신은 죽기 위해서 가는

것이라고 생각했죠. 저항감이고 뭐고 그런 식으로 이미 다 정해져 있었으니까. 어쩔 수 없거든요. 말하자면 어차피 죽을 바에야 역시 멋있게 죽고 싶지 않겠습니까? 그렇죠? 멋있게.

그때는 일본군이 제해권을 상실한 시기였다. 일본에서 하이난섬으로의 항해는 위험했기 때문에 임지에 도착하기 전에 목숨을 잃을 가능성도 있었다. 미국 해군의 어뢰 공격이 벌어질까 가슴을 졸이며 항해를 이어간 끝에 히로토 씨는 1945년 3월에야 겨우 하이난섬에 입도했다. 하지만 그것은 시작에 불과했다. 입도 뒤에는 당시 예상됐던 미군의 상륙에 대비해야 했다. 결국 히로토 씨는 출정에서 종전에 이르기까지 내내 죽음의 압박을 견뎌야 했다. '자신은 죽기 위해서 간다', 즉 죽는 것은 이미 정해져 있었으므로 저항감 따위는 없었다고 말했다. 히로토 씨 이야기는 자신의 죽음을 이미 기정사실로 파악하고 있었던 일본군 장병들이 어떤 식으로 내면의 소용돌이를 겪었는지를 보여준다.

왜 히로토 씨는 이렇게까지 죽음의 각오를 다졌던 것일까? 그것은 장교로서의 책임감, 국민으로서의 의무감 때문이었다.

히로토: 저는 부하들 모두를 의식하며, '가능할까?' 하고 큰 의문을 품고 있었어요. '어떻게 하면 좋을까?' 하고 생각했죠. 가장 비겁하지만 '그래! 내가 제일 먼저 죽자!'
박: 아, 부하들보다 먼저요?
히로토: 네, 그렇게 되면, 대장이 죽었다고 적에게 분기탱천해

서 공격할 거라고. 그렇죠? 그래서 제가 기꺼이 제일 먼저 죽으려고 한 것입니다. 작전회의 때 누가 제일 먼저 갈 것인지 이야기가 나왔을 때, "제가 가겠습니다" 하고 말했지요. 저는 그런 계산이었습니다. 어쨌든 죽는 것이…… 죽고 싶었어, 죽고 싶었어요. 솔직히 말해서, 빨리.

박: 살아남고 싶다는 생각은 전혀 없었습니까?

히로토: 이미 그런, 여하튼 '먼저 죽어야지' 하고 다짐했죠.

박: 무섭지는 않으셨어요?

히로토: 비겁하잖아요? 이건. 책임 회피이고. 제가 그 많은 사람들을 지휘하고 있는 거잖아요? 제 그 능력의 한계를 넘어서는 일이라는 겁니다, 이건. 실제 문제로서 냉정하게 생각해서요. 그렇죠? 그래서 그렇게 생각했었어요.

박: 그래도 죽는다는 건 무서운 것 아니겠어요?

히로토: 무섭지 않다든가 하는 그런 차원이 아니에요! 제 임무는 죽는 거였으니까요.

박: 처음부터요?

히로토: 네.

박: 소위 옥쇄군요.

히로토: 제일 먼저 죽는 거라고. 결국…… 그런 거였어요. 있잖아요, 그런 거죠. 저, 거대한 흐름이 있단 말이죠. 우리는 이미 그런 운명 속에 빠져 있는 거잖아요? 푹 빠졌지? 어쩔 수 없지? 그러니까 그 운명 안에서 내가 뭘 해야 하느냐 하는 거죠? 그렇죠? 그러니까 그때는 나라를 위해서, 모두를 위해서 제가 제일 먼저 솔선수범해야 한다고 생각했습니다. 비록

특공대는 아니지만, 그렇게 먼저 죽으면 다들 그래도 이 대장을 위해서 열심히 할 것이라는 계산이 들었어요.

히로토 씨는 해군병과예비학생 시절에 "솔선수범해 끝까지 싸워라"는 교육에 "철저히 세뇌"되었다고 밝혔다. 그러한 교육을 받고서 장교가 된 히로토 씨에게 50여 명에 이르는 부하들의 존재는 그 자체로 무겁게 느껴졌으리라.

히로토 씨는 분견대장으로서 조례 시간에 정신교육을 실시할 책무가 있었지만, 부하들에게 그가 할 수 있었던 말은 "열심히 합시다"라고 말하는 정도였다고 한다. 그는 부하들에게 가족애를 느꼈고, "장교로서 모범이 되어야 한다"고 강하게 의식했다. 그리고 전사하는 일까지 솔선수범하기로 마음먹었던 것이다.

한번은 부하들을 이끌고 이동하던 중 하이난섬의 중국 저항군의 매복에 걸려 포위된 적이 있었다. 초급 장교로서 실전 경험이 거의 없었던 히로토 씨의 머릿속은 그야말로 '새하얘졌다'. 그 위기에서조차 그는 오직 '솔선수범'만을 강박적으로 생각하며 싸웠다. 그는 물러나는 것은 있을 수 없다는 생각에 직접 앞장서서 "앞으로!"와 "쏴!"를 연신 외쳤다고 한다. 적의 포위망에 오히려 깊숙이 전진해 들어간 셈이다.

당시 히로토 씨의 분견대는 본대의 도움을 받아 무사히 벗어날 수 있었지만, 그를 구한 선배 장교는 히로토 씨의 무모한 지휘를 크게 질책했다고 한다. 히로토 씨가 크게 주눅 들었음은 물론이다. 그러나 그 무모한 지휘는 오히려 부하들로부터 인정받는 계기가 되었다.

하사관들은 히로토 씨의 방을 방문해 "선두에 서서 분발" 한 자신들의 분견대장을 "다시 보게 되었다"며 칭송했다고 한다. 다음 날부터 히로토 씨에 대한 부하들의 태도는 완전히 바뀌었다. 히로토 씨는 그때 "아래에서 이렇게 비스듬히 쳐다보는 듯한" 부하들의 "태도가 완전히 없어졌다"고 느꼈다. 즉 장교 양성 교육, 장교로서의 실전 경험은 죽음마저도 솔선해야 한다는 믿음으로 그의 뇌리에 뿌리내리게 된 것이다.

자신의 임무를 '죽는 것'이라고 강하게 인식했던 히로토 씨 또한 인간으로서의 고뇌를 느낀 때가 있었다. 그러나 내면에서 일어나던 심리적 동요는 '일본 국민으로서의 자각'으로 억제되었다.

박: 군가인 〈동기의 벚꽃〉에도 나옵니다만, 전사하면 야스쿠니신사에 갈 수 있다는 것이 당시 사람들이 뭐랄까 종교처럼 믿고 있었던 건가요?

히로토: 뭐, 믿지 않았어요. 그렇게 말하지 않으면 안 되었던 것뿐이죠. 그렇죠? 역시 자신이 죽는다는 것은, 대관절 그것이 무슨 의미일까 하고. 안 그래요? 야스쿠니신사에 간다는 것은 일본을 위한, 모두를 위한 죽음이라고. 그러니까 내가 죽는다는 것은 모두를 위해 죽는 것이다라고. 그렇죠? 따라서 '모두가 나를 위해 마음으로 기도해줄 것이다'라는 마음이겠죠. 그래서 "헤어져 죽더라도, 꽃의 도성 야스쿠니신사, 봄의 가지에 피어 만나자"라고 모두 노래한 것이지요. 네, 눈물

너희는 죽으면 야스쿠니에 간다

을 흘리면서 노래하는 거죠. 도저히 벗어날 수 없는 신세를 한탄하고 있는 거군요. 확실히 말하면, 그런 것입니다. 기쁘게, 기꺼이 용감하게 야스쿠니신사에 가는 것과는 다르죠. 그렇죠? 다들 살고 싶었어요.

박: 그렇죠, 살고 싶은 것이 인간의 당연한……

히로토: 결국 어쩔 수 없었어요. 그렇기 때문에 열심히 했지만 당하고 말았다고.

입으로는 "제 몸을 생각하지 않고 나라를 위해 헌신하겠습니다"라고 해도, 사실은 살아서 동기들과 재회하고 싶은 것이 속마음이었다고 히로토 씨는 말했다. 그러나 전쟁의 와중에서 개인이 선택할 수 있는 것은 주어진 임무를 다하는 것밖에 없었다. 그렇기에 히로토 씨는 무력감과 슬픔에도 불구하고 결국은 '자신의 의무를 완수하는 것', 즉 '옥쇄'를 각오하게 되었다.

히로토 씨는 당시의 상황을 "어쩔 수 없었다" "도망칠 길이 없었다"라고 회상하면서 "도망칠 도리가 없기 때문에" "결국 그러한 의미에서 주어진 임무를 얼마나 충실하게 완수하는가"에 대해서만 생각할 수밖에 없었다. 그 의무감에 대해 그는 "국민이라면, 그렇겠지요"라고 단호하게 말했다. 즉 야마노우치가 논한 '죽음의 운명공동체'로서의 자각은 전쟁에 동원되는 개인의식에 강력하게 작용하는 요소였던 것이다. 이는 야스쿠니신사에 관한 이야기에서도 분명하게 읽힌다. 히로토 씨는 야스쿠니신사에 대해 종교로서 신앙을 갖지는 않았다. 하지만 히로토 씨가 자신이 피할 수 없게 된 옥쇄에 대해 "일본 국가와 국민을 위한 죽음"으로 가치를 부여할 수 있었던 것은 "모두"가 전몰자를 위해 기도하는 야스쿠니신사의 존재가 있었기에 가능했다.

요컨대 군가 〈동기의 벚꽃〉을 부르며 눈물을 흘렸다는 이 야기, "다들 살고 싶었다"는 말에서 보듯, 히로토 씨와 그의 동기들은 죽음을 앞두고 동요한 것은 분명한 사실이다. 그런데도 결국 '모두를 위해 죽는다'는 각오를 할 수 있게 된 것은 '일본'이라는 집단을 운명공동체로 인식했기에 가능한 것이었다.

물론 모든 이가 '모두를 위한 죽음'의 가치를 진심으로 받아들였다고 할 수는 없을 것이다. 히로토 씨가 전후 항공대에서 복무한 해군병과예비학생 동기에게 들었다는 특공대 지원의 전말은 기시 씨가 증언한 '분위기의 압력'을 연상시킨다.

히로토: 어느 부대는요, 대원들을 쭉 정렬시키고서 공지했다는군요. "본 부대에서 특공대원 20명을 선발하기로 했다"고요. 제군들 중에서 20명을 특공대로서 저기 보내게 되었다고. 이 중에서 특공대원을 정하겠다고요. 계속해서 "넌 어떠냐?"고 묻는 거죠. 딱 지목해서 "히로오, 어때?"라고 하는 거죠. 거기에 대고 "지원하지 않겠습니다"라고 할 수 있을까요?
박: "싫습니다"라고는 말할 수 없군요?
히로토: 말할 수 없죠? "가겠습니다" 하고 말하겠죠? "지금 너는 어때? 박씨는 어때?"라고 말한다면, "예"라고 할 수밖에 없겠죠?
박: 부정적인 대답은 할 수 없을 것 같네요. 맞습니다.
히로토: 3번, 4번까지, 머릿속으로 계속 헤아립니다. '20명이

네. 그럼 계속 받아서 23명 정도면 적당히 끝나지 않을까? 내가 들어가면 25명째가 되니, 그전에 지원을 그만 받지 않을까' 하고 생각하는 겁니다. 이제 그즈음부터 "안 합니다" "안 갑니다" 하고 말하면, "아 그래?" 하고 대꾸하는데 그 순간 운명이 갈리는 것이죠. 어쨌든 지원제니까 "개소리하지 마"라는 식으로 말할 리는 없죠. "그렇구나. 어쩔 수 없지. 알았다" 하고 그다음 사람에게 어떠냐고 물어보면 역시 또 "안 갑니다"라는 대꾸가 돌아옵니다.

박: 그렇게 되겠지요.

히로토: "다음에는 갈 거야?" "안 갑니다" 이런 식으로 말이 이어지기도 해요. 이런 건 말이야, 아무도 말하지도 않고 기록하지도 않지요. 그렇지? 우리 동기 모임에서 들은 이야기입니다.

옥쇄나 특공이 숭고한 가치를 위해 목숨을 바치는 행위로 평가받았기 때문에, 이를 거절하는 것은 당시의 사회적 분위기를 고려하면 결코 쉽지 않았을 것이다. 이러한 상황에서, 분위기를 거스르지 못하고 자신의 의지와 다르게 특공에 지원한 이들이 있었는가 하면, 눈치를 보다가 적당한 순간에 특공 지원을 거부한 이들도 있었다. 어느 쪽의 사례든, 앞서 논한 '죽음의 운명공동체'의 관념에서는 이해하기 어려운 경우다. 국민으로서의 자각이 개인의 사생관에까지 강한 영향을 미쳤던 시대상을 부정할 수는 없지만, 그 시대적 압력에도 개인의 내밀한 의식은 절대로 획일화되지 않은 영역이었다고 정리해볼 수 있겠다.

'국가'에 '국민'은 없었다

한편 특공과 의식의 관계는 군의 울타리 안에 있던 장병들에게만 국한된 것이 아니었다. 특공이란 존재 그 자체가 일본 국민을 '죽음의 운명공동체'로 연결하는 기능을 수행했다. 군수회사 카와니시항공기 소속 근로자로서 우즈라노 해군항공기지에서 근무했던 코타니 히로히코 씨는 기지의 특공대원들이 출격하는 것을 두고 '나라를 위한 것'이라고 생각했다.

코타니: 당시 우리 동급생들이라 해도 비행기 타고 떠나면 살아서 돌아오지 않았으니까 그렇게 받아들이죠.

박: 또래들이죠?

코타니: 같은 나이대니까 알지. 종전 때 스무 살이었으니까, 대략 열여덟, 열아홉 살 정도의 애들이 학교 올라가서 이미…… 자기가 자원해서 가는 것이죠.

박: 자원해서요?

코타니: '나라를 위해서'라는 겁니다.

박: 그런 기분을 이해하셨나요?

코타니: 그야 당시는 그런 식으로 생각했죠.

박: 대단하다고, 훌륭하다고 생각하셨나요?

코타니: 응, 맞아. 당시는 모두들 처음부터 그런 마음이 없으면 특공에 나가지 않아. 그렇다고는 해도 다른 곳에, 밖에는 절대 말하지 않아. 헌병대에 끌려가거든.

박: 헌병대가 전부 단속하나요?

특공기를 전송하는 여학생들.
특공은 일본 국민을 '죽음의 운명공동체'로
연결하는 기능을 수행했다.

코타니: 그게 가까운 사람하고도 말할 수 없어. 비행기 상태가
좀 안 좋다고 말하는, 그런 말도 하면 안 돼. 회사 안의 일밖
에 몰라. 그런 시절이었어.

코타니 씨는 자기 또래의 특공대원이 '나라를 위해서' 출격
하는 것에 대해 훌륭하다고 생각했다. 장병들이 국민으로서 의
무를 다하고자 죽는 것, 그 '살신성인' 행위는 전쟁 수행 구성원
들을 더욱 단결하게 했다. 국가는 이러한 '미담'을 체계적으로
선전에 이용했다. 그래서 항공기 관계자들이 특공에 대해 논하
는 것조차 통제했다. 국가가 특공에 대한 여론의 평가에 얼마나
민감하게 반응했는지를 보여준다.
　요컨대 국민으로서의 자각, 그리고 군인정신을 장병들에

오키나와전투에 특공대로
투입된 소년 비행병들.

너희는 죽으면 야스쿠니에 간다

오키나와의 소년병 포로.
일본군은 오키나와 주민들을
총알받이로 이용하기도 했다.

게 내면화시키는 작업은 전쟁 수행의 중요한 과제로 취급되었다. 기시 씨나 히로토 씨의 이야기에서 나타나는 바와 같이, 많은 장병들은 죽음이 닥쳐오는 극한 상황에서 번뇌하고 동요하면서도 그 압력을 이기지 못하고 끝까지 자신에게 주어진 의무를 다하게끔 내몰렸다. 그리고 그것이 프로파간다로 미화되어 국민의 정신 동원에 이용되었던 것이다.

오키나와전투는 국가를 위한 헌신과 희생이 폭력적으로 강요된 가장 대표적인 사건이다. 일본 본토로는 최초로 이오섬이 함락당한 데 이어, 1945년 4월 1일에는 오키나와 본도本島에 미군이 상륙했다. 대본영에서는 오키나와 방어를 위해 전함 야마토를 출격시키는 한편, 2,000여 기의 가미카제 특공기를 투입했다. 그러나 이 같은 대본영의 무리수는 비극을 더욱 가중시켰을 뿐, 오키나와를 구원하는 데는 별 도움이 되지 못했다.

미군의 공세로부터 오키나와를 방어한다는 것은 불가능하다는 게 처음부터 분명해진 상황에서, 오키나와 수비대를 책임진 우시지마 미츠루牛島満 사령관은 작전의 주안점을 '전투에서의 승리'가 아닌 '미군에게 최대한의 출혈을 강요하는 지연전'에 맞췄다. 이 방침에 따라 일본군 수비대는 요새화된 진지들을 중심으로 격렬하게 저항했다. 일본군의 저항에 다수의 주민이 동원되었음은 물론이다. 심지어는 중학생들까지 이등병 계급을 부여받고 군복을 입었다. 여학생들 역시 동원 대상이었으니, '히메유리 학도대ひめゆり学徒隊'*는 그중 가장 대표적인 예이다.

그러나 이 같은 절망적인 항전에도 불구하고 전선은 미군의 압도적 화력 앞에 나날이 뒤로 밀렸다. 머지않아 일본군 수비대의 사령부가 있던 슈리성에서의 결전이 임박하게 되었다. 그러나 일본군 사령부는 미군과 결전을 벌이는 대신 주력을 오키나와 본도 남부로 옮겨버렸다. 하루라도 더 저항해 미군의 발을 오키나와에 묶어둔다는 지연전의 목표를 달성하기 위해서

---

* 오키나와 방어를 위해 일본군이 동원한 여자 학도대의 하나. 1944년 12월 간호훈련을 명목으로 창설되었다. 미군의 상륙이 임박한 1945년 3월 23일, 오키나와현여자사범학교와 오키나와현립제일여자고등학교 소속의 여학생 222명과 인솔 교사 18명이 히메유리 학도대 소속으로 동원되어 오키나와육군병원과 여러 방공호에 간호요원으로 투입되었다. 이후 미군과의 격전 속에서 섬 남쪽으로 물러나는 일본군 수비대를 따라 종군했으나, 6월 18일 돌연 해산 명령을 받았다. 일본군에게 버려진 히메유리 학도대는 전장 한가운데에 방치되어 다수의 희생자를 냈으며, 일부는 집단자결에 휘말리기도 했다. 히메유리평화기념자료관에 따르면, 동원된 240명 중 136명이 전투 중 사망했다고 한다.

였다.

　이미 피란민들로 가득 차 있던 섬 남쪽으로 일본군 병력이 물러나고 곧이어 미군의 공격이 쇄도해오자, 재앙이라고밖에 달리 표현할 길 없는 아비규환이 펼쳐졌다. 일본군 병력은 동굴에 숨은 주민들을 쫓아내 그곳을 은신처로 삼았고, 필요에 따라서는 주민들을 약탈하거나 살해했다. 어디까지나 '작전'을 위해서라는 명분이었다.

　어느 순간부터 일본군 수비대에게 주민들은 보호 대상이 아니라 작전에 걸리적거리는 의심스러운 존재에 지나지 않게 됐다. 오키나와 방언을 사용하면 첩자로 몰리기까지 했다. 일본군 수비대의 보호를 받지 못하게 된 주민들은 대책 없이 전장의 한복판에 내던져져 희생됐다. '국가'에 '국민'은 없었던 시대. 오키나와에서의 참극은 그렇게 연출됐다.

　오키나와시에 따르면, 전투 직전 오키나와현의 인구는 약 49만 명으로, 그중 12만여 명의 주민이 전투에 휘말려 목숨을 잃었다. 주민 4명 중 1명이 희생된 것이다. 그렇기에 오늘날의 많은 오키나와 주민들에게 오키나와전투는 가족사를 뿌리째 뒤틀어버린 거대한 재앙으로 기억된다. 주민의 안전을 전혀 고려하지 않았던 일본군 수비대의 작전 방침은, 개인의 생명보다도 신성한 '국체'의 존재가 전제되었기에 가능했던 것이었다. 파멸로 향하는 폭주 속에서, 무수히 많은 생명이 그렇게 '국가'를 위해 쓰러졌다.

일본이 전쟁에서
항복한 날

"이길 수 없다는 걸 이미 알고 있었어요"

이들이 삶과 죽음의 경계에서 방황하고 있던 사이, 제국 일본의 총력전 체제는 빠르게 파국으로 치닫고 있었다. 제국 일본이 패전에 이른 그 국면에서, 각 개인은 어떠한 심리 상태에 놓이게 되었을까. 그들이 삶에서 체화한 국체사상은 어떻게 작용하고 또 동요하게 되었을까.

기시 씨는 카토리 해군항공기지에 배속된 뒤, 그곳에서 미드웨이해전에 참전한 선배를 알게 되었다. 그로부터 제국의 지도부에 의해 축소·은폐된 미드웨이해전의 진상을 듣게 되었다. 기시 씨는 그때부터 일본의 패전을 예감했다고 말한다.

> **기시:** 이미 그때 선배는 "나, 아카기赤城 타고 있었지만, 목숨은 건졌어"라고 말했어요. 그때 알았어요 '아, 그때 아카기 같은 거 탔으면 죽는 거구나' 하고. 그래서 항공모함이 얼마나 당했냐고 물었더니 "3척이나 당했어"라고 하는 거예요. 3척이라고 하면 거의 전부죠. 즈이카쿠翔鶴, 쇼카쿠翔鶴,* 아카기였던가, 3척이 당해버렸다는 겁니다. "그럼 이제 항공모함도 끝장이네!"라는 것이 되어버렸어.
>
> **박:** 그 선배와 만나기 전까지는 몰랐나요?

---

*   즈이카쿠와 쇼카쿠는 미드웨이해전에서 격침되지 않았다. 미드웨이해전에서 격침된 일본 해군의 항공모함은 카가加賀, 아카기赤城, 소류蒼龍, 히류飛龍로 3척이 아닌 4척이다. 기시 우이치 씨가 아카기 외 항공모함의 이름을 잘못 떠올린 것으로 보인다.

기시: 어느 정도 이상하다고는 생각했지만, 몰랐네요.

박: 보도가 안 됐나요?

기시: 네. 저기, 조용했죠. 병정들끼리도 말해서는 안 되는 걸로 되어 있었으니까. 겨우 살아남은 이들은 모두 어디 어디 섬이나, 어디 어디 경비대로 돌려져버려서 일체 알 수 없게 된 겁니다. 그 경우는 모두 군에 재배치되니까. 그러니까 모르는 겁니다. 말하지 않으면.

박: 말하자면 정보의 통제가 있었군요?

기시: 그렇습니다, 전혀 모르게 되는 거죠.

박: 미드웨이해전의 실상을 알게 됐을 때 놀라셨어요?

기시: 네. '아, 그랬구나!' 하게 되었죠. '그때 당해버렸구나' 하고 놀랐죠. 그때의 생존자가 마침 우리와 함께 근무하게 된 사람이었으니까요. 그래서 작은 소리로 "당했어"라고 하는 것입니다. "나 살아났지만 힘들었어"라는 거지. "기름으로 새까매져버렸네"라고 했어요.

미드웨이해전에서 일본이 대패하고 항공모함이 "당했다"는 사실을 알게 된 기시 씨는 "애초에 미국과 같은 곳의 큰 대국과 싸우기 시작한 게 실수"라는 생각을 하게 되었다. 그러면서 그는 이 전쟁이 "이미 가망이 없다"는 것을 깨닫고 절망했다.

1942년 6월 4일부터 6월 7일까지 태평양 한가운데 있는 미드웨이제도 주변에서 벌어진 미드웨이해전은 아시아·태평양전쟁의 주요한 전환점 중 하나로 평가된다. 일본군이 동남아시아 지역에서 서구 세력을 축출하며 승승장구를 거듭하고 있던 당

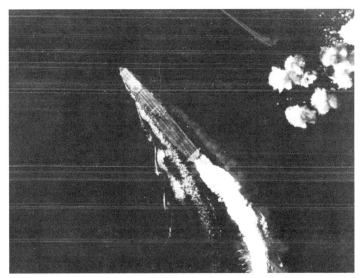

미드웨이해전 당시 미군기의 공습을
받고 있는 항공모함 히류.

시, 미군은 진주만공습의 충격에서 여전히 벗어나지 못한 채 수
세에 몰려 있었다. 주력 전함들이 모두 격침되어버린 탓에 일
본군의 진격에 대응조차 하기 어려웠던 위기의 상황에서, 새로
운 태평양함대 사령관으로 부임한 체스터 니미츠Chester Nimitz는
진주만공습에서 살아남은 항공모함들을 중심으로 반격을 꾀했
다. 한편, 미국 태평양함대의 남은 세력을 완전히 소탕하고자
했던 야마모토 이소로쿠 역시 내외부의 반대를 무릅쓰고 미드
웨이 공격을 추진했다. 일본 해군은 우세한 전력을 앞세워 미드
웨이로 쇄도했으나, 일본 해군의 자만, 미국의 정보전, 현장 상
황 판단의 엇갈림 등 여러 요소가 복합적으로 작용하면서 결국
해전은 일본의 참패로 끝났다. 일본 해군은 작전에 투입한 항공

모함 4척을 전부 상실한 반면, 미군은 1척의 항공모함만을 상실했다. 미드웨이해전을 기점으로, 아시아·태평양전쟁의 균형추는 미국 쪽으로 기울게 됐다.

미드웨이해전에 관한 선배의 증언과 통신병으로서 경험이 누적되면서 기시 씨는 패전으로 향하고 있던 일본의 실태를 더욱 선명히 인식하게 되었다.

"이왕 죽을 거면 나라를 위해 죽자!" 이렇게 뭉쳐버렸죠. 이번에는…… 이미 지는 것은 알고 있었으니까. 그것은 확실히 일본의, 뭐, 국민성이지요. 일본 국민은 그런 무엇인가가 강하죠. 그러니까 단결심이 강하니까, 모두 죽는다는, 그건 특공 성질과 같아요. 죽음을 두려워하지 않는다는 것이죠. 옛날의 무사도라고 하나요? 무사도라는 게 있었죠? 그것과 마찬가지로, 이제 우리는 어쩔 수 없으니 끝까지 싸우자고.

패전이 확실하다고 느꼈음에도 기시 씨는 전쟁 지도부로부터 주문받은 바와 같이 '우리는 어쩔 수 없으니 끝까지 싸우자'고 생각했다. 그러나 본토결전의 각오를 다졌던 장병들 사이에서도 혼란과 절망은 하루가 다르게 깊어졌다. 패전의 국면에서 개인의식은 무사도나 정신론만으로 다잡을 수 있는 것이 아니었다.

박: 높은 사람들은 그 본토결전이라는 것에서 이길 수 있다고 생각한 건가요?

기시: 아니요, 이미 이길 수 없다는 걸 알았어요.

박: 전혀 안 된다는 걸 알았다고요?

기시: 안 된다는 걸 알고 있어도요, 싸우지 않으면 도리가 없잖아요?

박: 그럼 그때는 이길 수 있다는 이야기 자체가 안 나온 건가요?

기시: 이제 절대, 이제 모두, 안 된다고 말했으니까.

박: 다들요? 윗사람도, 아랫사람도?

기시: 윗사람도 안 된다고 말했어요. 하지만 어쩔 수 없어요. 전쟁을 하고 있었으니까. 그러니까 끝까지 열심히 하겠다는 거죠.

전쟁에 가망이 없다는 것은 상하를 막론하고 모두 느끼고 있던 엄연한 현실이었다. 그러나 전쟁 지도부는 전쟁에 대한 집착을 거두지 않았다. 심지어 그들은 히로시마(1945년 8월 6일)와 나가사키(1945년 8월 9일)에 원자폭탄이 투하되고 소련이 대일전에 참전한 절체절명의 상황에서도 전쟁 종결을 결단하지 못했다.

"천황 폐하를 지켜야 한다"

1945년 8월 10일 새벽 1시. 도쿄의 궁성에서 제국 일본 전쟁 지도부가 천황을 앞에 두고서 전쟁 종결에 관한 격론을 벌이고 있었다. 일본이 역사상 직면했던 가장 중대한 순간이었다. 그러나 일분일초가 촉박하던 그때조차 전쟁 지도부는 연합국으로부터 '국체의 보전', 즉 천황제 유지를 보장받을 수 있을 것인가를 두고 지루한 입씨름을 계속하고 있었다. 그들에게 천황의 존재는 국가통치의 정당성을 부여하는 일본 그 자체였다.

취임 이래 지속적으로 결사항전을 주장해왔던 육군대신 아나미 고레치카阿南惟幾 대장은 당시 어전회의에서 육군 측의 입장을 다음과 같이 밝혔다.

"소련은 불신(일소불가침조약을 배신하고 대일전에 참전한 것을 비난하는 의미)의 나라, 미국은 비인도(일본 본토 공습 및 원자폭탄 투하를 비난하는 의미)의 나라입니다. 이런 적들에게 보장 없이 황실을 맡기는 것은 절대로 있을 수 없는 일입니다. 일억의 국민이 모조리 쓰러진다 해도, 우리는 대의에 살아야 합니다. 단, 4가지 조건(천황제 유지, 일본의 주권을 보장하는 점령, 일본에 의한 자체 무장해제, 일본에 의한 자체 전범재판)으로 전쟁을 종결시킬 수 있다면 포츠담선언을 수락하는 것에 찬성합니다."

육군참모총장 우메즈 요시지로梅津美治郎 대장 역시 '본토결전의 준비는 이미 완료'됐다고 덧붙이며 육군의 완강한 입장을 드러냈다. 결과적으로 이날 어전회의에서는 쇼와 천황의 뜻에 따라 다른 조건들은 포기한 채 '천황제 유지'에 중점을 두고서 항복 교섭에 임한다는 방침이 결정됐다.

이 같은 일본의 조건 제시에 미국은 '천황의 지위는 연합군사령부의 관리하에 둔다'는 답변을 내놨다. 일본 측은 자신들이 제시한 조건이 확실히 받아들여진 것인지 부정된 것인지 이해하기 어려웠다. 한편 육군의 과격파 장교들은 미국 측 답변을 '천황의 지위는 연합군사령부에 종속된다'로 해석하고 거세게 반발했다. 일부 장교들은 아나미를 향해 '항복을 저지하지 못하면 할복해야 한다'고 몰아붙이며 쿠데타까지 종용했다.

그러나 이미 대세는 거스를 수 없었다. 스즈키 간타로鈴木貫太郎 총리는 항복이 지연될 경우 일본이 독일처럼 분단될 것을 우려했고, 천황 역시 전쟁 종결에 마음을 굳힌 상황이었다. 결국 8월 14일 어전회의에서 포츠담선언을 수락하는 것이 확정됐다.

육군의 강경한 입장을 대변해왔던 아나미가 할 수 있던 것이라곤 천황이 낭독할 항복선언문의 일부를 고치는 것뿐이었다. 아나미는 '일본이 패배해서 종전하는 것이 아니라 부득이하게 종전하는 것'이라고 우기며 기존의 항복선언문 원안에 있던 "전국戰局(전쟁 상황)이 갈수록 악화되어"라는 문구를 "전국이 호전된 것만은 아니었으므로"로 고쳤다.

그러나 문구 일부를 바꾸는 것만으로는 과격파 장교들의 폭주를 막을 수 없었다. 앞서 아나미에게 쿠데타를 종용했던 그들은 아나미가 요지부동이자 자신들끼리 독단적으로 정변 계획을 진행했다. 오늘날 궁성사건宮城事件으로 불리는 쿠데타는 그렇게 시작됐다.

그들의 목표는 단 하나였다. 항복 찬성파 각료들을 제거하고 다음 날 8월 15일에 예정된 천황의 항복선언 방송을 저지한 뒤, 연합군으로부터 그들이 원하는 답변을 받을 때까지 전쟁을 계속하는 것이었다.

8월 14일 밤, 쿠데타 주동자들은 근위사단장 모리 다케시森

궁성사건의 주동자 하타나카 켄지.
그는 항복선언이 방송되기 1시간
전에 자살했다.

森 중장에게 들이닥쳐 정변에 협조해줄 것을 호소했다.

"소련은 1941년 6월 22일 독일군의 기습 개전을 맞아, 2,000만 명의 희생을 치르며 본토결전을 감내하고 독일군을 격퇴했습니다. 그 독일 역시 히틀러 총통의 죽음에 이르기까지 본토결전의 전투를 계속하여 국가와 민족의 명예를 지켰습니다. 지금, 폐하의 안부와 일본의 운명은 모리 사단장님께 달려 있습니다."

쿠데타 주동자들은 끈질기게 모리를 채근했다. 그러나 쿠데타에 찬동할 생각이 없었던 모리는 완고했다. 이 시점에서 이들을 체포하거나 제압하기라도 했다면 좋았겠지만, 쿠데타 세력을 동정했던 모리는 그저 '말 돌리기'로 시간만 끌었다.

그 관대함이 결국 비극을 초래했다. 모리가 끝내 말을 듣

1945년 8월 15일 천황의 항복선언이 방송되자 황궁을 향해 엎드려 오열하는 일본인들. 항복선언이 방송되고 전쟁은 끝났다. 제국 일본은 '일억 국민'보다 천황 한 명의 안위가 중요한 나라였다.

지 않자 쿠데타 주동자 중 한 사람이었던 하타나카 켄지畑中健二 소좌는 권총을 뽑아 들고 그를 쐈다. 사단장과 참모를 현장에서 살해한 그들은 사단장의 명령을 위조해 근위사단에 출동을 명했다. 8월 15일 새벽은 그렇게 급박하게 흘러갔다.

위조 명령을 받은 근위사단 병력은 완전무장을 하고서 궁성의 주요 구획과 출입구, 항복 방송이 실시될 일본방송협회 NHK를 점거했다. 쇼와 천황의 육성을 녹음한 항복선언 레코드판을 찾기 위해 쿠데타군은 이곳저곳을 샅샅이 뒤졌다. 그러나 그 레코드판은 끝내 나오지 않았고, 시간이 지남에 따라 쿠데타군 내부에도 균열이 생겼다.

영문도 모르고 동원된 근위사단 병력은 처음에는 미군이 상륙해 궁성으로 진격해오는 상황을 상상했다가 이내 무엇인가 이상하다는 것을 깨달았다. 군대가 들어갈 수 없는 구획까지 자신들이 범하고 있는 것도 이상했고, 황궁경찰에 무장해제를 요구해야 하는 것도 납득할 수 없었다. 8월 15일 아침이 되자 사단장은 살해되었으며, 출동 명령은 위조였다는 것이 분명해졌다. 병사들은 경악했다. 쿠데타 주동자들은 순식간에 통제력을 잃었다.

쿠데타에 실패한 주동자들은 항복선언문이 방송되기 1시간 전에 궁성 앞에서 권총으로 자살했다. 항복을 막기 위해 나섰던 과격파 장교들의 마지막 발악은 허무하게 막을 내렸다. 1931년 만주사변 이래 15년간 계속돼온 일본의 전쟁은 마지막까지 폭력과 피로 점철된 채 그렇게 겨우 끝을 맺게 되었다.

1945년 8월에 벌어진 이 난리의 중심에는 '천황의 그림자'가 드리워져 있었다. 이미 310만의 국민이 전쟁으로 희생된 시점이었지만, 항복 논의에 있어 국민의 안위는 단 한 번도 고려되지 않았다. 항복파와 항전파를 막론하고 오직 천황제 유지가 가능하냐, 아니냐에 대해서만 핏대를 세웠을 뿐이다. 즉 천황 한 사람의 존재가 '일억 국민'의 생명보다도 우선시된 셈이다. 제국 일본은 그런 나라였다. 국민을 위한 일본이 아닌 천황을 위한 일본이었다.

"일본이라는 나라는 어떻게 되어도 좋으니까"

절망적인 전쟁은 거짓말처럼 끝났다. 기시 씨는 비현실적인 종전 소식을 듣고 왜 이제야 전쟁이 끝난 것인지 안타까운 마음을 금할 수 없었다.

박: 그래서 종전이 되었을 때 기쁘셨나요?

기시: 아니, 뭐 기뻤다기보다는요, 유감이라는 것입니다. 진작 종전이 됐더라면 이렇게는 희생되지 않았을 텐데.

박: 좀 더 빨리요?

기시: 그렇습니다. '유감이다⋯⋯'라고요.

박: 아, 당시 사람들도 그렇게 생각했던 건가요?

기시: 그렇게 생각하고 있었어요. 서로 "이봐, 안 되겠는데?" 이랬는데.

박: 뭐랄까, 항복하던 그때 항복에 대해 별로 거부감 같은 건 없었나요?

기시: 전혀 없었어요.

박: 전혀 없었나요? 지금까지 소위 '귀축미영鬼畜米英'라고 불리는 대상과 싸웠는데, 그들에게 항복하는 것이 정말 괜찮았던 건가요?

기시: 그 전쟁 졌으면, 포기했어야죠. 이제, 일본이라는 나라는 어떻게 되어도 좋으니까⋯⋯ 그런 거예요, 정말. 이제 전쟁 졌으니까 뭐 어쩔 수 없지 뭐.

기시 씨는 본토결전을 앞두고 있던 당시를 "무서웠다"는 한마디로 표현했다. 특히 결전에 휘말리게 될 '일반인'들의 존재가 마음에 걸렸다고 했다. 실제로 본토결전의 상황에 몰렸던 일본군은 적에게 반격하는 것이 사실상 불가능할 정도였다. "본토결전을 위해" "탄은 가능한 한 사용하지 말라"는 주의를 상급 부대로부터 받았던 기시 씨의 부대는 미군에 의해 공습이 벌어지고 있을 때도 응전조차 하지 못했다. 그런 상황을 참고 견딘 끝에 비로소 일본의 패전을 맞은 기시 씨는 패전이라는 현실에 거부감이 없었다고 했다. 조기에 종전이 되었다면 그렇게 큰 희생은 없었을 것이라며 탄식한 대목에서는 전쟁 자체에 대해 강한 회의감을 가진 걸 엿볼 수 있다.

특히 "일본이라는 나라는 어떻게 되어도 좋으니까"라는 발언은 기존에 그가 갖고 있던 국체 관념에 금이 가고 말았다는 사실을 드러낸다. 그 이전에는 결코 상상도 할 수 없었던 이 발언에서, 교육과정에서 형성된 국민으로서의 자각과 군인으로서의 의무감이 가혹한 패전 국면에서 해체된 양상을 읽을 수 있다.

우즈라노 해군항공기지 공장에서 근무해왔던 코타니 씨에게도 패전은 큰 혼란을 안겼다. 그는 일본의 전쟁 수행에서 필수적인 해군 전투기를 조립한다는 자부심을 갖고 일해왔다. 제해권과 제공권이 특히 중시됐던 아시아·태평양전쟁의 특성상 항공력의 확보는 전쟁 당사국에 무척이나 중요한 사안이었다. 보통의 회사에 소속된 사원이었다면 징집 영장을 피할 수 없던 시대였지만, 전투기 제조사에 소속되어 있던 코타니 씨는 예외였다. 그에게는 전선으로의 출정이 요구되지 않았다.

박: 그럼 당시에는 전황이 어떻게 돌아가는지 전혀 모르고 계셨어요?

코타니: 그거야 뭐, 하나도 모르지.

박: 종전 때까지 전혀 몰랐어요?

코타니: 전혀 알지 못했어.

박: 그럼 종전이라는 말을 듣고 놀라셨겠네요?

코타니: 종전이라고?

박: 종전이 되고 그게 뉴스로 보도되었을 때 놀라셨어요?

코타니: 응, 원래 여기(우즈라노 해군항공기지)에 있었는데, 종전하기 1개월 전에는 다른 곳으로 소개疎開되어 가는 식으로, 조립공장에 가게 되었어. 거기에 있었을 때 전쟁이 끝났다고 하는 연락이 우즈라노 쪽에서 온 거야. 이제 그래서, 그때 급료도 못 받고 회사에도 안 돌아갔어. 하아, 참. 돈 못 받았어. 이제 와서 안 될 것 같아서 포기했어.

박: 전쟁이 끝났으니까 급료도 못 받을 줄 알았어요?

코타니: 물론 받을 수 있는 사람도 있지만. 급료를 못 받은 사람이 많이 있다고 생각해.

박: 아, 거기서 전쟁이 끝나버렸으니까 '이제 이 회사도 끝장났다', 이런 느낌이었던 건가요?

코타니: 맞아, 이제 끝이니까.

박: 그때 어떤 기분이 드셨나요?

코타니: 아, 졌으니까 불쌍한 꼴이 되어버렸구나 생각했지. 이

제 그것 말고는 생각할 수 있는 게 없어. 유감이라고밖에 할 말이 없네.

박: 유감이라고 말이죠?

코타니: 응, 열심히 무쇠를 구우면서 자지도 않고 일했는데, 그런 신세가 되어버렸으니까.

일본이 패전으로 몰리고 있던 시대에 코타니 씨는 '국민'의 한 사람으로서 더욱 자신의 임무에 열과 성을 다해왔었다. 전쟁 말기, 기존 일본군 전투기보다 대폭 성능이 향상된 시덴카이紫電改를 생산하게 된 것은 긍지이자 한 줄기 희망이었다. 그러나 이미 전황은 일부 무기 체계를 개선한다고 역전시킬 수 있는 것이 아니었다. 일개 노동자의 노력으로는 거대한 전쟁의 흐름을 바꿀 수 없었다.

"열심히 무쇠 구우면서 자지도 않고 일"했던 코타니 씨의 전쟁은 그렇게 끝이 났다. 소개지에서 일본이 패전한 사실을 알게 된 그는 "유감"이라고밖에 말할 수 없었다. 일본도, 그의 회사도 끝장이라고 느꼈다. 그는 결국 소개지에서 우즈라노 해군항공기지로 복귀하지 않았다.

우즈라노 해군항공기지는 그에게 특별한 장소였다. 그는 비행장 활주로가 깔리기 시작하던 1943년부터 그곳에서 일했다. 인근의 국민학교에서 '학도 동원'된 어린 학생들과 함께 직접 활주로의 초석을 놓았다. 작업장에서는 '여자정신대'* 소속의 여학생들과 서로 격려하며 전투기를 조립했다. 그야말로 그의 청춘을 불살랐던 장소였다. 그는 90대 중반에 이른 지금

　　　　　　　　　　너희는 죽으면 야스쿠니에 간다

우즈라노 해군항공기지의 활주로.

(2021년 현재)도 우즈라노 비행장에서 열리는 각종 기념행사에 모습을 드러낼 정도로 그곳에 애정을 품고 있었다. 그런 특별한 장소를 코타니 씨는 패전 소식을 듣고 스스로 떠났던 것이다.

코타니 씨가 패전을 안타깝게 생각하면서도 별도의 명령이나 지시를 받지 않고 자신의 집으로 돌아갔다는 사실은 전쟁 수행 구성원으로서 그의 의식을 지탱해온 규율이나 신념이 해체되었음을 의미한다. 즉 총력전 체제에 형성되었던 정신적인 요소가 패전의 극한 상황을 맞아 모래성처럼 허물어졌던 것이다.

본토와 떨어져 있던 히로토 씨에게도 일본의 패전은 받아들이기 어려운 현실이었다. 히로토 씨는 자신이 쓴 《회상록》을

★　1944년 8월 여자정신근로령에 의해 12세~40세의 내지(일본) 여성이 동원되었고, 해당 법령에 의한 식민지 여성 동원은 검토만 되고 적용은 되지 않았다고 한다.

보여주며 당시 그와 전우들을 덮쳤던 혼란상에 대해 말했다.

어느 날 히로토 씨가 해안 진지 공사 감독을 위해 자리를 비운 사이에 그의 부하가 부대에서 소총 3정을 들고 중국군 진영으로 도주하는 사건이 발생했다. 탈영한 부하는 일본의 식민지였던 대만 출신 청년이었다. 히로토 씨와는 친밀한 관계를 이어오던 부하였기에, 그의 탈영 소식은 크나큰 충격이었다. 사태 수습을 위해 상급 부대에 보고를 올렸는데, 그때 더욱 충격적인 소식이 전해졌다. 일본이 항복했다는 소식이었다.

그러니까 '마른하늘에 날벼락'이란 게 바로 이런 것입니다. 그렇죠? 그래서 저로서는요, 패전이라기보다는요, 뭐라고 해야 할지 모르겠군요. 고통스러운 일이었지요. 어찌할 바를 몰랐어요. 그래서 바로 탈영병 발생 건에 대해 사령부에 사죄를 하러 간 것입니다. 사령은 "응, 응"이라고 대꾸할 뿐이었어요. 동석한 전임 장교도 "너도 힘들겠구나" 하고 한마디 할 뿐이었죠. 지금 같은 상황에서 무슨 말을 하러 왔냐고. 그렇죠? 사관실은 그야말로 엉망진창이었어요. "난 절대 패전은 인정 못 해! 끝까지 싸우자!" "이것은 폐하의 어심御心이 아니다! 겁쟁이는 꺼져!" "뭐? 도망병이라고? 바보 녀석! 그런 건 작은 일이야, 작은 일이라고!" 그 난리통에서 저의 감각은 마치 산골짜기에서 길을 잃은 시골 아이와 같이 비틀어지는 듯했습니다.

그리고 또 다른 녀석은 "이젠 바보 같아서 지금 구멍 따위나 파고 있겠냐"라고 했어요. "난 이제 때려치울 거야!"라고. "이번엔 말이야, 우리가 결단해야지, 진지 구멍이나 메우고 있을 거냐"라고. 결국 진지 공사를 계속할지 여부는 작업 대장에게 달려 있었습니다. 저도 독단적으로 "작업 변경!"이라고 공지했고, '이게 무슨 소리냐'며 혼란스러워하는 작업원들을 모두 트럭에 태우고 새벽 일출을 보며 현지에서 철수했습니다. 재미있죠?

위 회상에서 패전에 직면한 일본 장병들이 경험했던 여러 심리적 동요를 읽을 수 있다. 패전을 부정하고 철저 항전을 외치는 장교의 모습도 묘사되지만, 그럼에도 그동안 군의 질서를 유지해온 기율이 흔들리는 것을 막을 수는 없었다. 본래 긴급한 사안으로 다뤄져야 할 탈영병 추격은 패전의 충격 앞에 지극히 '작은' 문제로 치부되었다. 이러한 가운데 히로토 씨가 진지 구축 작업을 독단으로 중지시킨 것은 기존의 가치가 패전으로 무너져가고 있던 혼란상을 더욱 선명하게 보여준다. 히로토 씨가 말했듯이, 패전은 이토록 '청천벽력'과도 같은 일이었다. 다른 한편으로 히로토 씨는 패전으로 인해 장교로서의 부담감에서 벗어나게 되어 안도했다는 사실도 언급한다.

저기요, '분하다' '억울하다'기보다는요, 패전이라는 게 무슨 의미인지 와닿지 않았어요. 졌다는 게 무엇인지, 앞으로 어떻게 될지 알 수 없었죠. 확실히 말하자면, 또 하나의 이유는 하이난섬에는 다른 곳과 같은 격렬한 전투가 없었다는 점입니다. 패전이라, 전혀 졌다는 감각이 없었어요. 하지만 점점 알게 되었지요. 패전이란 어떤 것인가 하는 것을요.

그러니까요, 그것보다도요. 패전했다는 사실보다는 지휘자로서 말이죠, '어떻게 해야 하는가' 하는 것이 중요했어요. 그 말인즉슨, 학생 신분이었다가 갑자기 지휘자, 우두머리가 된 거잖아요. 그런데 일본 사람이든 대만 사람이든 젊은 사람들이 있지만, 일본인 병정이라고 하면 저보다 다들 연상뿐이었어요. 그런 상황에서 어떻게 통솔해나갈 것인가 하는 것만이 저에게는 가장 큰 문제였어요. 그런데 패전했다는 것이죠. 그렇죠? 패전하고 난 뒤, 솔직히 말하자면 안도했어요. 분명히 말해서요. 그 부담감에서 해방되었다는 게 사실이죠.

앞서 언급한 바와 같이 장교로서 솔선해야 한다는 책임감은 히로토 씨의 사생관에 아주 중요한 것 중 하나였다. 패전이라는 비극적인 사태를 맞아 히로토 씨는 역설적으로 그를 옥죄고 있던 압력에서 벗어날 수 있게 되었다. 이는 정신 영역마저 동원 대상으로 삼았던 총력전 체제가 패전으로 붕괴하는 양상을 보여주는 흥미로운 예라고 평가할 수 있다. 물론 해체의 양상만이 있었던 건 아니었다. 히로토 씨는 패전의 현실을 받아들이지 않고 싸움을 계속하고자 한 장병들에 대해서도 언급했다.

특공대가 나가서 죽어갔잖아요. 정말 우리는 그것에 대해 아주 꺼림칙한 감정이 들어요. 확실히 말해서요. 응, 그건……그래서 패전하게 되었을 때 과연 다들 어떻게 느꼈을까요? 네? 특공대원들 말이죠. 어떨까요?

그때 "이건 천황 폐하가 그렇게 말씀하셨다고 해도 진의가 아니지 않을까"라고, "난 받아들일 수 없어"라고, "아니, 그건 아니야"라고, "받아들여야 한다"라고 꽤나 옥신각신했다고 해요. 그래서 "자, 그럼 이 결론은 내일 매듭짓자"라고 이야기가 된 거죠. 그런데 자고 있는 중에 갑자기, 아무개가 말이죠. 명령에 반하여 특공의 그 '신요'라고 하는, 그 어뢰계, 그 특공 병기를 타고 나갔다는 겁니다. 그래서 큰일이 났다는 겁니다.

패전의 현실을 부정하는 것에 그치지 않고 직접 신요를 이끌고 특공을 강행한 대원도 있었다. 일본 국민으로서, 군인으로서 철저히 정체성을 내면화한 이 특공대원은 일본의 항복이 '천황 폐하의 진의'가 아니라며 패전을 부정했던 것이다. 부정에 그치지 않고 독단적으로 자신만의 전쟁을 계속하고자 했다. 총력전 체제하의 사상 형성이 개인의식에 얼마나 강력하게 작용했는지를 엿볼 수 있는 사례다.

패전, 그것은 기존의 총력전 체제가 붕괴했다는 것을 의미한다. 총력전 체제의 국민으로 성장해 군인으로서 재사회화를 거쳐야 했던 인터뷰이들은 자신들의 정체성이 송두리째 무너지는 상황에 놓이게 되었다. 패전 국면에서 생긴 정체성의 동요는 여러 형태로 귀결되었다. 패전 사실을 긍정하거나 납득하는 경우가 있었는가 하면, 패전 사실을 부정하고 철저 항전을 주장하거나 직접 시도한 경우도 있었다. 이러한 예들은 총력전 체제 안에서 이루어지는 사상교육 및 사상통제의 한계와 위력을 동시에 보여주는 것이라고 평가할 수 있다.

어제의 적,
오늘의 친구

"헬로, 헬로", "땡큐, 땡큐"

앞서 야마노우치의 이론을 소개한 바와 같이, 총력전 체제에서 국민이라는 개념은 적국 및 적국에 속하는 모든 사람과 자신을 구분지으며 잉태되었다. 당대의 일본인들 역시 일본인, 야마토 민족과는 구별되는 '적'이라는 타자를 설정하며 전쟁을 치렀다. 난폭한 중국인을 응징하자는 폭지응징暴支膺懲, 미국인과 영국인을 귀신과 짐승으로 깎아내리는 귀축미영 등의 슬로건은 전쟁 기간 내내 일본 사회 곳곳에서 반복 재생되었다.

그렇다면 실제 그들 개인에게 적이란 어떤 존재였을까. 여기서는 전쟁 기간에서부터 패전 직후에 이르는 시기에 각 개인이 적국인에 대해 갖고 있던 관념이 어떻게 형성되고 변화해갔는지를 다루면서, 총력전 체제의 해체 과정을 다뤄보고자 한다.

기시 씨는, 일본군에 격추된 미군기의 탑승원이 지역 주민에게 살해된 사건을 언급했다.

그러니까 미군 폭격기 B29인가가 떨어졌을 때, 그 지역 사람들이 미군을 죽창 들고 죽여버렸잖아요. B29가 만자이万歲 마을의 대추밭에 떨어졌다고 하는 연락이 왔어요. 모두 흥분해서 말이죠, 그 당시는…… 그러니까 "이봐! 저놈, 일본인을 죽였으니까 해치워라!"는 것이죠. 살아 있는데도 모두 죽창을 들어서 죽여버렸어요. 총이 없으니까 대나무를 들고요.

격추된 뒤에도 생존해 있던 미군기 탑승원을 지역 주민들

제2차 상하이사변 당시 일본군의 공격을
난폭한 '지나'에 대한 응징으로 미화하는
《도쿄아사히신문》 보도.

미국과 영국에 대한 적개심을 선동하는
당시 전시 간행물. "도륙하라, 미영! 우리의
적이다!"라고 쓰여 있다.

이 죽창으로 살해한 이 사건은,[*] 미국인 혹은 미군에 대한 증오가 일반 사회에 얼마나 만연해 있었는지를 엿볼 수 있다. 기시 씨도 당시 미군에 대해 적개심을 품고 있었다.

박: 적에 대해서 미워하는 감정이 있었나요?

기시: 역시, 저기, 우리 동기들이 전사해버리면 그런 마음이 생기네요. '당했으니 나도 되갚아준다'는 적개심을 가지게 되었습니다. 그러니까 이왕 가야 하는 거라면 나도 가겠다는 말이 되겠지요. 글쎄, 적개심은 역시 있었겠지요? 솔직히.

전우들의 죽음을 접하며 적에 대한 적개심을 품어왔던 기시 씨는 패전 후 미군과 실제로 대면하게 되었을 때 격한 반발심을 느꼈다.

그렇게 되어버렸네요. 저기, 전쟁 끝나고 제가 일단 고향 집으로 돌아갔는데, '잔무 정리'라고 해서 다시 카토리 기지로 불려가게 되었거든요. 그랬더니 저쪽에서 더글라스(맥아더)가 끌고 온 비행기가 날아오는 겁니다. 기지로. 그들이 비행기에서 내려올 때 말이죠. 역시 어느 정도 적개심이 느껴지더라구요.

그래서 총을 들고 이렇게 기다리고 있었습니다. 그랬더니 말

---

[*] 기시 우이치 씨의 증언에 따르면, 종전 후 카토리 해군항공기지로 진주한 미군이 이 사건을 조사했고, 당시 미군 조종사 살해에 가담한 이들은 사형되었다고 한다.

이야, "절대 쏘면 안 돼!"라고 상관이 모두에게 말해서, 그렇게 되어버렸습니다. 그래서 우리는 SP의 경비원이니까, 해군은 SP, 육군은 MP로…… 결국 저기, 뭐, 경비대네요 말하자면…… 그래서 총은 들었지만 "절대 쏘지 마, 쏘면 이제 너희는 끝장이다"라고 하니까 전혀 쏘지 못했죠. 그냥 잠자코 있었습니다.

전쟁 중 적에 대한 적개심을 품었던 기시 씨는 패전 후 미군을 처음 대하게 되었을 때도 그 감정에서 벗어날 수 없었다. 비록 상관의 명령으로 제지되기는 했지만, 비행기에서 내리는 미군들을 총을 들고 맞이했을 정도로 적개심이 깊었다. 앞서 기시 씨가 일본이 패전한 것에 거부감을 갖지 않았다고 말한 것을 생각하면 의외의 대목이다. 전쟁에 대한 회의감과는 별개로 적에 대한 증오는 그의 내면에 깊게 뿌리 박혀 있었던 것이다.

그러나 잔무 정리를 위해 미군과 함께 일하면서 기시 씨의 적개심은 빠르게 허물어졌다. 그는 어제의 적이었던 미군과 '친구'가 될 수 있었다고 담담하게 이야기한다.

친구가 될 수 있었습니다. 역시요. 저쪽도 우리 쪽에게 살해당했다고 하니까요. 서로 전쟁을 하지 않았으면 좋았겠다는 이야기를 서로에게…… 그러니까 앞으로 친하게 지내자고, 그렇게 되어버린 겁니다. 그래서 의외로 일본인은 그 정도로 단순 담백한 건지 모르겠지만요. 모두 다 그런 거죠. 친해져서 뭐, 이제 의기투합하게 되는 거지.

너희는 죽으면 야스쿠니에 간다

특히 기시 씨는 로버트라는 미군 장교와 깊은 교분을 맺었다. 로버트에 대한 기시 씨의 회상에서 과거의 적개심이 어떤 식으로 해체되는지 그 양상을 읽을 수 있다.

기시: 그러니까 이미 졌을 때는 뭐랄까요…… 외국인들과도 많이 이야기했어요. 로버트 씨라고 했나? 이번에 미국으로 돌아간다고 해요. 그러면서 가지고 갈 만한 "일본의 기념품 하나 사야지" 이러더라구요. 그래서 여자 오비おび*가 있지? 이 오비를 일본의 기념품으로 가져가라고 딱 줬더니, "땡큐, 땡큐" 하고 아주 기뻐하며 가지고 돌아갔어요.

박: 그럼 실제로 미국인을 만나도 전혀 적대감 없이 지낼 수 있었던 건가요?

기시: 아, 그런 건 전혀…… 그런 거 없었어요, 이제. '저런 큰 나라와 무엇을 위해 싸운 건가……'라고 생각했어요. 아무튼 그들과는 음식도 달랐어요. 잔무 정리 때문에 카토리 기지에 갔다고 했잖아요? 가면, 모두가 먹을 것이 없다고 힘들어하던 시절에도 그들은 큰 넓적다리라든가, 닭고기 말이죠, 닭다리라든가, 그리고 빵 들고서 "헬로!" 하고 인사하죠. 지금 점심시간이니까 이거 먹으라고 하는 거지. 친절했어요.

박: 닭고기를 주던가요?

기시: 줬어요. 우리의 경우는 5명이 거기에 있었으니까 5인분을 받아서 왔어요. "자, 먹어요"라고 하는데, 뭐 일본어를 모

---

* 기모노를 착용할 때 허리 부분에 두르는 기다란 포.

르기 때문에, 그냥 "헬로, 헬로"라고 해. 그럼 우리는 "땡큐, 땡큐"라고 대답할 뿐이야. 그런 거죠. 그래도 뭐 친했죠.

그러니까 뭐 전쟁하고 싸우기만 하는 게 아니에요. 저는 곰곰이 생각해보지만, 젊었을 때는 일본이 전쟁에서 이기고 있는 동안은 좋았습니다. 정말 이기고 있는 동안은 좋았습니다. 그렇지만 지고 나서 보니 정말 아무 소용이 없는 허망한 것이네요. 한 사람 한 사람 죽어가는 것을 보고 있으면요, 안쓰럽습니다. 그러니까 이제 절대로 저거, 전쟁만은 하지 않는 것이 좋다고 생각합니다.

한때 적이었던 미군들과의 친밀한 관계는 기시 씨의 이후 인생에도 영향을 미쳤다. 잔무 정리를 위해 카토리 해군항공기지로 호출되었던 옛 일본군 장병들은 1945년 11월 이후 해산되었다. 당시 기시 씨는 고향인 오사카로 돌아가지 않고 현지에서 전우들과 전기점을 차리기로 했는데, 로버트가 이때 기지에 남아 있던 '전기 부품'을 그들에게 제공해주었다고 한다.

네, 그래서 11월이 되어 모두 해산되면, 거기 있던 우리는 임무도 끝난 마당에 이제 와서 고향으로 돌아간들 일자리도 없고. 어쩔 수 없으니까 "전기점이라도 시작할까?"라는 식으로 되었죠. 전기점을 차린 셈이죠. 우리는 군대에서 통신 관계로 근무해서 전기에 대해서는 잘 아니까. 또 그때 경찰서장*이 기지에 남아 있는 전기 부품, 싱크함이나 그런 것들을 트럭에 한가득 실어 가져가서 장사하라는 거예요. 미군도, 그 로버트

너희는 죽으면 야스쿠니에 간다

씨도 "이거, 너희들이 그동안 열심히 했으니까 이거 가져가도 돼" 이랬어요.

미군은 당시 프로파간다 속에서 짐승, 귀신과 같은 가증스러운 존재로 장병들의 뇌리에 주입되었다. 그런 미군과 인격적으로 교류하며 우호적인 관계를 구축할 수 있었다는 사실은, 전쟁이 강요했던 피아의 구별이 사라지게 되었음을 의미한다. 결국 총력전 체제가 붕괴하면서 각 개인은 아군과 적의 구분을 뛰어넘어 인격적 교류를 할 수 있었던 것이다.

특히 기시 씨의 전후 정착에 미군이었던 로버트의 도움이 있었다는 것은 시사하는 바가 크다. 전후 인생의 향방까지 좌우할 정도의 큰 도움이 베풀어졌다는 것은 양쪽의 신뢰 관계가 얼마나 깊었는지를 가늠하게 해준다. 전시였다면 결코 있을 수 없었을 일이 총력전 체제가 해체되자 가능하게 되었다. 개인의식이 조금씩 총력전 체제에서 벗어나게 되면서 목숨을 걸고 적대하던 과거의 적과도 깊은 우정을 나눌 수 있게 된 것이다.

코타니 씨가 근무하던 우즈라노 해군항공기지 역시 패전과 함께 미군을 점령군으로 맞이하게 되었다. 이미 집으로 돌아가 있던 코타니 씨는 이때 우즈라노 기지를 접수한 미군에 의해 '근로봉사'로 동원되었다. 미군과 싸울 전투기를 조립했던 그가 이제는 미군을 위해 일하게 된 것이다. 코타니 씨는 당시 경험

---

*   기시 우이치 씨는 잔무 정리 기간 동안 인근 경찰서의 통신 업무에도 협조해주었다. 협조에 대한 보수는 없었지만, 이때의 인연으로 경찰서장과 호의적인 관계를 구축했다고 한다.

한 미군과의 교류에 대해 이렇게 말했다.

박: 미국인에 대해 '귀축미영'라는 말이 있었지요?

코타니: 응응. 별로 이제 그렇게는 생각 안 하지. 그건 사람마다 다르겠지만, 귀신이니 짐승이니 그렇게는 절대 생각하지 않았어.

박: 그럼 전쟁이 끝나고 미국인에 의해 우즈라노 기지가 사용되어도 거부감 같은 건 없었나요?

코타니: 그건 사람에 따라 다르지만 나는 절대로 그렇게 생각하지 않았어. 그러니까, 종전 후 미군이 이곳으로 주둔해왔을 때도 마찬가지였어. 부락에서 이곳으로 근로봉사, 정리 작업을 하러 왔지. 미국 조종사는 강아지 데리고 비행기 타고 놀러 다니더라고. 육지에서는 지프 타고 놀고. 우리한테 "같이 타고 갈까?"라고 하니까, 태워달라고 하고 같이 놀러 갔지. 그런 거 아니겠어? 그래, 타라고 말해도 무슨 말인지 못 알아들었어. 그냥 손짓으로 알아듣는 거지. 그런 상태였어. 그런 일도 있었지.

박: 몇 달 전까지만 해도 원수였는데도요?

코타니: 그런 생각은 못 했네. 그건 전혀. 어제까지는 귀축미영라고 했어도, 그런 건 이제 전혀 상관없었어. 말하자면, 같은 인간이잖아.

코타니 씨는 사람마다 다르다는 점을 강조하면서도 자신은 미국인을 '귀신이나 짐승'이라고 생각해본 적이 없으며, 자

너희는 죽으면 야스쿠니에 간다

신이 그동안 근무해왔던 우즈라노 기지가 미군에 의해 점령되는 것에도 거부감이 없었다고 말했다. 오히려 그는 미군과 지프를 타고 즐거운 시간을 보내기까지 했다. 전쟁 동안 강도 높게 실시되었던 이른바 귀축미영 등의 프로파간다를 상기해본다면 매우 의외로 느껴지는 대목이다.

중국군의 관대한 대우

히로토 씨 역시 '귀축미영'이라고 하는 프로파간다를 똑똑히 기억하고 있었다. 그는 이 프로파간다에 대해 다음과 같이 말했다.

히로토: '귀축미영'라는 슬로건 말이죠?

박: 네. 미국인이라든가 영국인에 대해서는 어떤 이미지를 갖고 계셨습니까?

히로토: 뭐, 그런 슬로건. 그러니까 그것에 대해 저항할 수는 없었겠죠?

박: 그런데 어땠어요? 대학생이셨으니, 당시에는 완전 인텔리 아닙니까?

히로토: 응, 그러니까 역시…… 조금은 알고 있어요. 대체로, 아무리 들어봤자…… 그렇지? 어린애도 아니고. 어릴 때야 그렇게 생각하지만, 점점 더 나이를 먹어가면서 말이지, '이게 무슨 소리냐' 하고 반쯤은 한 귀로 듣고 한 귀로 흘렸지요.

하지만 역시 어차피 죽어야 한다면 멋지게 죽고 싶다고 생각했죠.

히로토 씨는 전쟁 중의 슬로건에 대해서는 "저항할 수 없었다"고 분명하게 말했다. 그러나 대놓고 거스를 수는 없었을지언정 그 내용에는 전적으로 공감하지는 못했다. "어린애도 아니고" "반쯤은 한 귀로 듣고 한 귀로 흘렸다"고 말할 정도로 히로토 씨는 프로파간다에 위화감을 느꼈다. 다만 자기 자신의 죽음을 기정사실로 받아들이고서, "어차피 죽어야 한다면 멋지게 죽고 싶다"는 마음으로 출정했던 것이다. 즉 적에 대한 증오보다는 사회적으로 강요된 죽음에 대한 강박감이 그의 전쟁관을 지탱했다고 할 수 있다.

히로토 씨는 자신이 배속된 하이난섬에 미군이 상륙할 것이라 믿으며 옥쇄를 각오했지만, 미군의 상륙 없이 전쟁은 끝났다. 전쟁이 종결되고 그동안 섬을 지배하고 있던 적대 구조가 걷히면서 기존의 관념들도 변하기 시작했다. 그 와중에 의외의 장면들도 연출되었다.

하이난섬에서 일본군에 저항했던 세력은 지역 독자적인 유격대와 중국공산당 계열 유격대였다. 중국 저항군 내에서 국민당 정부의 영향력은 미미했다. 종전 후 국민당 군대의 하이난섬 상륙이 가시화되자, 전후 상황을 염두에 둔 현지 저항군도 각자의 계산기를 분주하게 두드렸다. 이들은 국민당 군대에 인계될 예정이던 일본군의 무장을 자신들이 넘겨받기 위해 동분서주했다.

너희는 죽으면 야스쿠니에 간다

패전 후 일본군 부대가 재편되면서 인근 분견대의 지휘까지 맡게 된 히로토 씨에게 지역 유격대가 접근해왔다. 하사관 출신의 특무사관과 함께 유격대 측의 초대를 받은 히로토 씨는 술과 음식을 대접받았다. 히로토 씨를 상석에 앉히고 유격대장이 직접 술을 따라주는 등 극진한 대접이었다. "자, 사양 마시고 마음껏 즐기십시오. 우리 모두 동양인입니다. 평화를 즐겁게 마주합시다." 유격대장은 일본군과 유격대 모두 동양인임을 강조하며 거듭 건배를 제의했다. 불과 얼마 전만 해도 서로 총격을 주고받으며 대치했던 이들이 동양인이라는 정체성 아래서 술잔을 나누게 된 것이다.

자리가 무르익자, 히로토 씨와 함께 동석한 특무사관이 먼저 말을 꺼냈다. 국민당에 넘겨야 하는 부대의 무장 일부를 유격대에 나눠주자는 것이었다. 당혹감을 느낀 히로토 씨는 "내 권한 밖의 일"이라고 일축하고 곧바로 자리를 떴다. 이에 제안을 꺼냈던 특무사관은 히로토 씨를 향해 노골적으로 불만을 드러냈다. "당신은 젊으니까 그렇게 매정하게 잘라 말하지만, 유격대는 참 불쌍하다구요. 패전한 우리의 식량 확보를 도와줬고, 자기들이 승자랍시고 거들먹거리지도 않았고, 이렇게나 우리에게 예의를 다해줬지 않습니까! 지금 우리 무장을 정리 중인 상황이니 그까짓 거 조금 나눠준다고 티도 나지 않을 텐데! 어차피 누구에게 주든 중국인들에게 주는 것 아닙니까!"

과거의 적을 위해 상급자에게까지 얼굴을 붉히는, 참으로 기묘한 광경이었다. 아군이든 적군이든, 전쟁을 통해 구성되었던 관계들은 패전을 기점으로 그렇게 뒤틀림을 거듭하고 있었다.

얼마 지나지 않아, 그의 부대는 중국국민당 군대의 관리하에 놓이게 되었다.

히로토: 그러니까, 8월, 포로라기보다는, 뭐라고 해야 할까요. 관리를 받게 되었다고 하는 게 맞을까요. 집단생활이죠, 분명히 말해서. 형태는 포로였지만 실제로는 집단생활. 하이난섬에 있는 보통 일본인과 군인들이 모두 모여서 집단생활을 했습니다. 관리는 중국이 했지만요. 이른바 그 노역 있지요? 한두 번 도로 정리하는 일 정도가 전부일걸요? 그마저 저는 안 갔지만요.

박: 아, 안 가셨어요?

히로토: 해군 사관은요, 국제조약으로 그런 노역에 종사하지 않아도 된다는 게 있대요. 병정은 노역에 가지만, 사관은 노역에 종사하지 않아도 된다는 것이 있는 것 같습니다.

박: 그렇군요. 그럼 중국군에게 그다지 나쁜 대접은 받지 않은 것이네요?

히로토: 그러니까, 중국인은 그땐 말야, 어쨌든 우리더러 가만히 있어달라는 게 전부였죠. 당시는 이미 국민당과 중공이라는 식으로 나뉘어 있었으니까요. 중국은 전쟁 중이었거든요. 관리소 이야기로 끝나는 게 아니에요. 만약에 우리가 그곳을 뒤엎고 중공 쪽으로 간다면 대단히 큰일이 되는 겁니다. 그렇죠? 그러니까 국민당에서도 우리를 살살 다뤄준 거죠.

포로가 된 히로토 씨와 그의 부대원들은 국제조약에 의거

너희는 죽으면 야스쿠니에 간다

중국군으로부터 학대받지 않고 비교적 신사적인 대우를 받았다. 실제로 히로토 씨의 《회상록》에는 "중국인의 아량의 크기를 새삼 느꼈다" "이 관대한 조치에 감사해야 한다"는 표현이 거듭 등장한다.[38] 다만 히로토 씨는 중국군에 의해 벌어진 전범재판에 대해서는 강한 불만을 내비쳤다.*

히로토: 이야기했던 것처럼, 전쟁범죄자로 끌고 갔어요. 소위 말하는 BC급 전범 관리죠?** 《회상록》에도 썼습니다만, 저의 상관이었던 가네이시 씨는 BC급 관리로 지목되었습니다. 재판은 비공개인가 봐요. 일방적이죠? 일종의 인민재판이네요. 하아, 그렇죠? 피고인은 아무것도 모르잖아요. "이 사람이야!" 하고 지목받으면 그 사람이 유죄가 돼. 그렇죠? 어느 한쪽은 패소하게 마련인데, 변호할 수단이 아무것도 없어요. 그냥 그쪽이 하라는 대로 되게 돼 있어요.

박: 그건 정말 불리하네요.

---

* 중국국민당 정부는 1945년 12월경부터 전범처리위원회를 구성하고 중일전쟁 중 전쟁범죄에 연루된 일본군 관계자들을 대상으로 군사법정을 열었다. 1946년 10월까지 17만여 건의 전쟁범죄 사건이 수리되었으나, 구체적인 전쟁범죄 가해자를 특정하기 곤란하다는 점과 국공내전의 혼란으로 인해 재판의 진행은 지지부진했다. 결국 1949년 1월 26일을 끝으로 재판은 종료되었으며 국민당 정부는 복역 중이던 전범들을 일본으로 송환했다.
** 전범은 크게 A·B·C급으로 나누었다. 그 차이는 다음과 같다. A급 전범: 평화에 대한 죄(crimes against peace). 전쟁을 기획·주도한 전쟁범죄 혐의자. B급 전범: 통례의 전쟁범죄(conventional war crimes). 전쟁법과 전쟁 관습법을 어기고 민간인 학살 등을 저지른 전쟁범죄 혐의자. C급 전범: 비인도적 범죄(crimes against humanity). 명령에 따라 민간인과 포로를 살해하거나 잔혹행위를 벌인 전쟁범죄 혐의자.

히로토: 응, 그건 BC에서만.

박: 법학을 전공하신 입장에서는 그 전범재판이 정말로 뭔가……

히로토: 저는 그건 유감이라고 생각합니다. 죄형법정주의라고 하는데, 그 법률을, 나중에 법률을 만들어서 벌주는 건 안 돼요. 그렇죠? 죄형법정주의로. 그러니까 저건 재판이라고 이름은 붙여놓았는데 그게 아니더라고요. 재판이랑 달라요. 저거는 일종의 그, 전쟁의 연장이에요, 저거는.

박: 전쟁의 연장이요?

히로토: 연장이에요. 일방적이잖아요? 그리고 반대 의견이 있다고 해도 무시하는 거잖아요? 재판이란 이름의 인민재판이네요. 저건 말이야.

히로토 씨는 중국군에 의한 전범재판의 부당함을 지적하며 이를 "인민재판" "전쟁의 연장"으로 불렀다. 그는 당시 전범으로 지목된 자신의 전우들이 부당한 보복에 당한 것이라고 인식하고서 분노한 것이다. 다만 그가 포로에 대한 중국군의 관대한 대우에 감사를 느꼈던 점을 상기해본다면, 그가 전범재판에 대해 토로하는 분노는 적인 중국군에 대한 증오에서 비롯된 것이 아니라 법적 공정성에 대한 문제제기인 것으로 판단된다.

적에 대한 감정이 어떻게 형성되고 변화했는지는 사람에 따라 제각각이다. 가령, 기시 씨는 전쟁 중에 적에 대한 적개심을 품게 되었다가 전후 미군과의 교류 속에서 그 적개심이 사라졌다. 코타니 씨는 처음부터 적개심에 얽매이지 않았고, 전후에

　　　　　너희는 죽으면 야스쿠니에 간다

도 미군과 소통하며 기분 좋게 교류했다. 히로토 씨는 전쟁 당시 프로파간다에 위화감을 느꼈지만 거기에 저항할 수는 없었고, 전후에는 적의 관대한 대우에 감사하면서도 한편으로는 불만을 품었다. 이렇듯 사람마다 체험 양상은 다르지만, 그럼에도 총력전 체제에 의해 주입된 증오 심리가 개인의식 안에서 어떠한 한계를 갖는지는 세 사람의 이야기에서 공통적으로 드러난다고 할 수 있다.

새로운 세계에 드리워진 제국의 그림자

"폐하는 전쟁을 원치 않으셨어요"

전쟁은 끝났다. 패전에 대한 최초의 충격도 지나갔다. 이제 이들은 무너진 제국의 폐허 위에 세워진 신질서 속에서 각자의 삶을 다시 찾아야만 했다.

1946년 3월, 히로토 씨는 마침내 복원선(귀국선)에 올랐다. 정든 동기들과 헤어져 도착한 고향에는 공습의 상처가 가득했고, 그의 집 역시 반쯤 무너져 있었다. 가슴이 철렁 내려앉았던 그는 임시 대피소에 있던 어머니와 간신히 재회했다.

"돌아왔구나, 정말로⋯⋯"

죽음만을 생각했기에 어머니를 다시 볼 수 있을 것이라고는 상상조차 하지 못했던 그는 자신을 맞아주는 어머니 앞에서 목이 메 아무 말도 할 수 없었다. 한참 동안 마음을 추스른 히로토 씨는 다시 만난 어머니에게 첫마디로 이렇게 말했다.

"뭐라도 좋으니까 갈아입을 옷 좀 줘. 어쨌든 이 군복은 벗고 싶어."

군복을 벗고 일상으로 돌아간 사람들. 하지만 군복을 벗었다고 해서 이전의 관념까지 모두 벗어던질 수는 없었다. 제국 시대에서 성장하며 내면화했던 관념은 전후에 세워진 신질서 속에서 소용돌이쳤다. 총력전 체제에서 이루어졌던 사상교육과 사상통제는 전후 인생에서도 쉽사리 사라지지 않았다.

천황관과 국가관은 이들이 겪었던 내면의 격동을 보여주는 좋은 예다. 가령 기시 씨는 패전에도 불구하고 지금에 이르기까지 천황에 대한 공경심을 확고하게 갖고 있었다. 천황의 존

종전 후에도 복구되지 않은 오사카
교바시역의 폐허(1946년 6월).

재를 현인신이 아닌 일본의 상징 정도로 인식한 히로토 씨의 예
와 비교하면 기시 씨의 천황관은 국체사상 교육의 목적에 부합
하는 형태로 형성된 것이라고 평가할 수 있을 것이다.

> **박:** 종전 후에 천황이 맥아더와 함께 사진을 찍었잖아요. 그
> 걸 보고 약간 충격 같은 건 없었나요?
>
> **기시:** 있었어요. 맥아더에게 천황이 그런 짓을 당해버리셔서,
> 참. 다들 당혹스러워했지요. 근데 뭐 어쩔 수 없잖아요. 그래
> 도 어떻게든 사태가 잘 수습됐으니까 다행이에요.
>
> **박:** 전쟁 중에 가지고 있던 천황에 대한 생각이 전후에는 바
> 뀌었습니까?
>
> **기시:** 변함없었습니다. 폐하에 대해서는 역시 변함이 없군요.

일본이라는 나라는 역시 폐하가 있어야 그 질서를 유지할 수 있으니까요. 만약 폐하를 지키지 못했더라면, 폐하가 없었더라면 이렇게 종전 후 잘될 수 있었겠어요? 폐하께서 계셨기에 잘되었다고 생각합니다.

박: 그러면 천황이 죽었을 때는 어떤 기분이셨어요?(히로히토는 1989년에 사망했다.)

기시: 역시 안타까웠습니다. 쇼와 천황은 좋은 천황이셨어요. 우리 생각엔 말이죠, 아무리 전쟁에서 졌다 해도 말이죠. 쇼와 천황이 계셨기 때문에 뭐 잘 수습된 거라고 생각해요.

기시 씨는 패전 후 일본의 부흥에 천황의 존재가 큰 역할을 했다고 믿고 있었다. 특히 "일본은 역시 폐하가 있어야 그 질서를 유지"할 수 있다고 말할 정도로 그는 천황의 존재를 중요하게 여겼다.

기시 씨가 전후에도 천황에 대한 공경심을 유지하고 있는 것이 다소 의외로 느껴질 수도 있다. 앞서 살펴본 바와 같이 기시 씨는 극한 상황에까지 몰린 전쟁 체험 속에서 "이제 일본이라는 나라는 어떻게 되어도 좋으니까"라고 생각할 정도로 심리적인 동요를 느꼈다. 그러한 비극적 사태를 초래한 책임자 중한 사람이 천황이라는 점을 상기하면 기시 씨의 생각은 납득하기 어려운 점이 있다.

그렇다면 패전을 했음에도 천황에 대한 기시 씨의 평가가 변하지 않은 까닭은 무엇일까. 여기에는 두 가지 요인을 생각해볼 수 있다. 하나는 제국 시대에 형성된 국체 관념의 영향이며,

1945년 9월 27일
히로히토(오른쪽)와 맥아더.

너희는 죽으면 야스쿠니에 간다

다른 하나는 천황의 전쟁책임을 부정하는 판단이다.

박: 만약 맥아더가 천황을 재판에 넘겼다면 어땠을까요?

기시: 그랬다면 정말 큰일이에요.

박: 그건 일본 국민으로서 견딜 수 없는 일입니까?

기시: 그건 정말 큰일입니다. 천황 폐하를 저 무슨 죄를 짓고 어쩌고저쩌고하게 되면요, 이것은 말이죠, 일본이라는 나라가 이렇게 잘 돌아가게 될 수가 없어요. 이건 모두 알고 있는 사실입니다, 아마도. 천황 폐하는 말이죠, 잘해내셨다고 생각하고 있어요.

박: 그렇습니까?

기시: 네. 국민 전체가 그렇게 생각하고 있지 않습니까? 저희 같은 병정이라도 그렇게 생각하고 있었으니까요. 천황 폐하께 무리해서 저렇게 말해버렸기 때문에, 도조가 나쁜 겁니다. 모두 다 도조가 나쁘다고 해요.

이만큼 인간을 말이지, 망쳐버린 것입니다. 그것은 정말 죽을 죄입니다. 책임을 져야죠. 천황 폐하께서는 이제 전쟁은 안 된다고 하셨는데 그걸 거스르고 저질렀으니까. 그건 안 될 일이죠. 천황 폐하는 좋다고는 말씀하지 않으셨어요. 하지만 도조가 전권을 쥐고 있던 인간이니까, 뭐 폐하가 승낙은 하지 않았지만 마음속으로는 어쩔 수 없지 하신 것이죠. 도조가 이미 그렇게 말했기 때문에 더 이상 어쩔 수 없다는 것이죠. 뭘 어쩌겠어요.

뭐, 우리 입장에서 보면 그겁니다. 폐하께서는 전쟁을 원치 않으셨다는 것은 이제 확실한 거죠. 정치하고 있는 그 도조라던가 다른 하수인들이 전쟁을 할 수밖에 없다고 우긴 겁니다. 그러니까 폐하께서는 단지 더 이상 안 된다는 말씀을 하실 수 없으셨던 거지.

종전하고 나서는, 폐하께서 전쟁을 하지 않으셨더라면 좋았을 것이라고도 생각했어요. 하지만 폐하는 책임이 없다고 하네요. 그렇다면 군인이 그렇게 한 것이고, 폐하는 전쟁을 원하시지 않으셨다는 것이죠. 그러니까 폐하는 전쟁을 그렇게 원하지 않으셨던 게 아닐까요?

박: 그러니까 결국은 도조 히데키 등의 군인들이 멋대로 벌인 일이라는 것이죠?

기시: 네, 그게 결국 뭐 도조 히데키가 저지른 것이지요. 그래서 해군에서는요, 전쟁에 반대했어요.

박: 그렇다면 실제로 천황은 현실 정치에서는 힘이 없었다는 것입니까?

기시: 그런 것입니다. 뭐 이제, 결국 뭐랄까, 그 당시에는 군의 힘이 굉장히 강했으니까. 그래서 어쩔 수 없지 않았을까요? 폐하가 아무리 안 된다고 해도 이젠…… 그래서 결국 전쟁을 해버렸겠지요.

기시 씨는 자신의 비참한 전쟁 체험이 도조 히데키 등 육군 세력의 독단에서 비롯된 것이라고 인식하고 있었다. 즉 "폐하"는 전쟁을 원치 않았기 때문에 기시 씨와 그의 전우들이 겪은 고통에 대해서는 책임이 없다고 판단한 것이다. 전쟁이 천황의 의지에 의한 것이 아니었으니 과거의 전쟁을 비판하는 것과는 별개로 제국 시대에 형성되었던 천황관을 변함없이 지킬 수 있었던 것이다.

만들어진 천황의 이미지

그렇다면 전쟁책임에서 결코 자유롭다고 할 수 없는 천황의 이미지가 어떻게 바뀌었고, 전쟁에 대한 모든 책임을 도조 히데키와 육군에 돌리는 역사관은 어떻게 수립되어 확산된 것일까. 이야기는 도쿄 전범재판으로까지 거슬러 올라간다.

1948년 11월 12일, 아시아·태평양전쟁에 대한 일본 측 피고인들의 책임을 묻는 극동국제군사재판의 판결문이 비로소 낭독됐다. 전쟁이 끝난 지 3년, 재판이 시작된 지 2년 반 만의 일이었다.

'도쿄재판'으로도 불리는 이 재판의 결과, 제국 일본이 강행해온 침략전쟁의 정점에 서 있던 것으로 평가된 7명*에게 사형이 선고됐다. 전쟁을 기획하거나 포로와 민간인의 인권을 보호하지 않는 것은 용서받을 수 없는 범죄라는 것. 단호한 사형 판결을 통해 도쿄재판이 세상에 던지는 교훈은 명확해 보였다.

그러나 그 명확한 교훈의 이면엔 도저히 덮을 수 없는 도쿄 재판의 모순이 도사리고 있었다. 과연 재판부는 전쟁의 기획과 반인륜적 범죄에 연루된 피고인들을 공정하게 솎아냈던 것일까. 사형 선고를 받은 7명 중 6명은 도조 히데키를 위시한 육군

도쿄재판의 피고석. 천황에게 죄를 물으면
일본의 통치가 어렵다고 판단한 연합군사령부는
천황의 죄를 묻지 않았다. 당시 사형 선고를 받은
이는 7명뿐이었다.

재판을 받고 있는
도조 히데키.

너희는 죽으면 야스쿠니에 간다

인사들이었고, 나머지 한 명은 문관이었던 히로타 고키 전 총리였다. 해군 인사 중 사형을 선고받은 이는 없었다. 해군이 육군과 함께 전쟁을 지탱하던 양대 축이었음을 상기해본다면 도쿄재판의 결과는 선뜻 납득할 수 있는 게 아니다.

비록 육군의 압력이 컸다고는 해도 해군 역시 태평양전쟁의 개전을 적극적으로 획책한 주체였다. 지상전 위주의 중일전쟁에서 소외되었던 해군 군령부는 미국과 영국을 상대로 개전할 시 주전장은 바다가 될 것으로 기대했다. 개전 계획이 엉성하며 현실성이 없다는 비판이 해군 내부에서도 제기됐지만 소용없었다. 즉 해군은 오직 자기 자신의 입지를 강화할 요량으로 일본이라는 나라를 승산 없는 전란 속으로 끌고 갔던 것이다.

＊　당시 A급 전범으로 사형된 7명의 피고인들은 다음과 같다.

도조 히데키東條英機: 육군 대장. 태평양전쟁 개전 당시 총리대신. 진주만 불법 공격과 태평양전쟁의 총책임자로 기소되어 사형을 선고받았다.

이타가키 세이시로板垣征四郎: 육군 대장. 관동군 참모장. 만주사변 등 중국 전선의 전쟁책임자로 기소되어 사형을 선고받았다.

도이하라 겐지土肥原賢二: 육군 대장. 제12방면군 사령관. 만주사변 등 중국 전선의 전쟁책임자로 기소되어 사형을 선고받았다.

기무라 헤이타로木村兵太郎: 육군 대장. 중일전쟁과 태평양전쟁 개전에 관여한 전쟁책임자로 기소되어 사형을 선고받았다.

무토 아키라武藤章: 육군 중장. 제14방면군 사령관. 육군성 군무국장으로 근무했을 당시 중일전쟁 확전에 반대하며 조기 종전을 추진했으나 현지 군의 폭주를 제지하는 데 실패했다. 태평양전쟁 당시 필리핀 민간인 및 포로에 대한 잔혹행위로 기소되어 사형을 선고받았다.

마쓰이 이와네松井石根: 육군 대장. 중지나 방면군 사령관. 난징대학살의 책임자로 기소되어 사형을 선고받았다.

히로타 고키廣田弘毅: 제32대 총리대신. 침략전쟁 입안자로 지목되어 문관으로서는 유일하게 사형되었다.

무모하게 시작한 전쟁은 당연하게도 파국으로 치달았다. 치명적인 패배, 보충 불가능한 소모가 반복됐다. 마지막 사활을 걸었던 1944년의 필리핀해해전과 레이테만해전에서 참패하면서, 해군에 의한 정상적인 작전은 더는 기대할 수 없게 됐다. 정상적인 작전이 불가능한 수준까지 몰락했음에도 해군은 무의미한 발악을 멈추지 않았다. 전쟁 계속에 집착했던 해군의 의지는 자폭 공격을 벌이는 이른바 '특공'으로까지 이어졌다.

요컨대 일본 국민들은 물론 아시아 각국의 민중들에게 끔찍한 출혈을 강요했던 아시아·태평양전쟁에 해군이 갖는 책임은 결코 가볍지 않다. 그런데도 도쿄재판은 단 한 명의 해군 인사도 사형에 처하지 않았다. 육군에서만 6명이 사형을 선고받은 것과는 대비되는 결과다. 어떻게 이런 일이 가능했을까?

1945년 11월 30일을 기해 일본 육군과 해군은 공식 해산되었다. 이튿날 내각에서 육군과 해군의 군정을 맡아오던 육군성과 해군성은 각각 '제1복원성'과 '제2복원성'으로 간판을 바꿔 달았다. 이름에서 드러나듯 이들의 임무는 장병들의 귀국 및 민간사회로의 복귀(복원)에 관한 것이었다. 그러나 제2복원성으로 소속을 바꾼 해군 군령부 참모들은 공식적인 임무 외에 또 다른 과업을 숨기고 있었다. 그것은 바로 '전범재판에 대한 대책 마련'이었다.

그들은 전범재판을 '연합군에 의한 일방적인 보복'으로 인식했고, 이 '불공정한 재판'에서 살아남기 위해서는 스스로를 적극 방어해야 한다고 판단했다. 전후 일본을 사실상 통치하게 된 연합군최고사령부는 군인들이 전범재판 대책 마련을 위해

너희는 죽으면 야스쿠니에 간다

행동하는 것을 금지했기 때문에, 제2복원성은 연합군의 눈을 피해 음지에서 움직였다.

제2복원성에서 전범재판 대책의 총괄을 맡은 이는 토요타 쿠마오豊田隈雄 전 대좌였다. 해군대학을 수석으로 졸업해 전쟁 당시 나치 독일에서 무관으로 복무하기도 했던 토요타는 해군에서 손꼽히는 수재였다. 연합군의 부당한 복수로부터 해군 조직을 구해낸다는 사명감으로 중책을 맡은 그는 당시의 심경을 다음과 같이 남겼다고 한다.

"주어진 재판 업무, 그것이야말로 나의 전장이며, 이제부터가 나의 전쟁이다."

그는 전후 해군반성회에서 전범재판 대책을 마련하던 당시의 계산을 다음과 같이 증언했다.

"전쟁 재판이라는 것은 종래 보통의 재판과 다르니까 어떻게든 강화조약(연합군의 통치 종식, 일본의 주권 회복)까지 (버티자고 생각했습니다). 사형만 되지 않는다면, 종신형이 된다 해도 강화조약까지 버티면 그것으로 자유의 몸이 되니까……"[39]

이미 전쟁 기획의 책임을 묻는 '평화에 대한 죄'를 면할 수는 없었으므로, 사형을 피하기 위해서는 일선의 반인륜적 범죄와 관련된 '통례의 전쟁범죄', 즉 BC급 전범 항목에서 승부를 봐야 했다. 그러나 연합국 검사들은 바다에서 구조된 연합국 상선 승조원들이 일본 해군에 의해 살해된 사건, 일본 해군 부대에 의한 포로나 민간인 처형 사건 등을 집요하게 파고들었다. 검사 측은 이 일선의 전쟁범죄의 배후에 해군 군령부가 있을 것으로 봤다.

결론부터 논하자면, 당시 제기되던 전쟁범죄의 배후에 해군 군령부가 있을 것이라는 검사 측의 주장은 오늘날의 시점에서 사실 혹은 사실에 가까운 것으로 평가된다. 그러나 제2복원성의 재판 담당자들은 재판에서 증언할 수 있는 인사들을 빼돌리거나 일선 부대에 책임을 전가하는 식으로 재판부의 칼날을 피했다.

해군 군령부에게 돌아갔어야 할 책임은 그렇게 일선 장병들에게 지워졌다. BC급 전범재판으로 사형된 해군 군인은 약 200명. 이들 중 다수는 젊은 하급 장교와 하사관들이었다. 최고 지도부의 면피를 위해 일선의 장병들만 희생된 사태에 대해 유족들이 분노했음은 물론이다.

당시 제2복원성이 주도한 증거 인멸, 위증, 책임 전가 등은 윤리적으로 쉬이 납득되지 않는 일이다. 이런 일이 어떻게 가능했던 것일까. 그 중심에는 전쟁 내내 '지켜야 할 국체' 그 자체로서 신앙의 대상이 됐던 쇼와 천황이 있었다.

전범재판을 앞두고서, 제2복원성은 '천황에게 누를 끼치지 않기 위해 (해군) 중앙부에 책임이 없다는 것을 명확히 하고, 책임을 지는 주체는 아무리 크게 잡아도 현지 사령관 정도로 한다'는 방침을 정했다. 즉 천황의 전쟁책임이 연합군에 의해 문책당할 가능성이 있으므로, 천황을 지키기 위해서는 천황과 바로 직결된 해군 지도부 인사들의 책임이 부정돼야 한다는 것이었다. 바꿔 말하자면, 해군 지도부 인사들이 '천황을 위한다는 명분' 뒤에 숨은 셈이다.

제37대 총리대신을 지낸 최후의 해군대신 요나이 미츠마사米內光政는 천황의 안전과 지위를 보장할 필요성에 대해 맥아더 사령부에 적극적으로 타진한 것으로 전해진다. 요나이는 맥아더나 그의 참모들과 접촉할 때면 천황의 존재가 '일본에서의 점령 정책을 원활히 하기 위해서'라도 반드시 필요하다고 주장했다.

맥아더 사령부는 요나이의 설득에 수긍했고, 천황이 재판에 넘겨지면 일본을 통치하는 자신들의 입장이 '매우 곤란해진다'는 판단을 내렸다. 따라서 사령부는 천황에게 죄가 없다는 것이 일본 측에 의해 입증되는 것이 도쿄재판의 가장 바람직한 결론이라고 여겼다.

이해관계가 맞아떨어지자 어제의 적들은 순식간에 의기투합했다. 이제 맥아더 사령부는 제2복원성, 즉 일본 해군의 전쟁책임 은폐를 응원하는 지경에 이르렀다. '도조(와 육군)에게 모든 책임을 지운다'는 맥아더 사령부의 화답을 받아 든 요나이와 옛 해군 지도자들은 비로소 안심했다.

전쟁을 향해 폭주하는 육군, 거기에 어쩔 수 없이 끌려가는 해군, 그리고 실권 없이 무력하며 또한 그렇기에 전쟁책임에서 무결해 보이는 천황의 이미지는 그렇게 만들어졌다. 1951년 해군 관계자에 대한 모든 재판은 끝이 났고 최초에 설정된 '사형만은 면한다'는 목표는 성공적으로 달성되었다.

전범재판 대책 책임자 토요타가 전망했던 그대로 종신형 등을 선고받았던 해군 인사들은 샌프란시스코강화조약 이후 일본이 주권을 회복하면서 빠르게 석방됐다. 전쟁책임을 두고 벌어진 제2의 전쟁은 일본 해군의 승리로 막을 내렸다.

그러나 정작 이때의 승리를 이끌었던 토요타는 해군 지도부의 전쟁책임 회피에 대해 복잡한 심경을 드러냈다. 전범재판 대책 마련을 위해 발로 뛰면서 자료를 수집한 결과, 그가 알지 못했던 일본 해군의 여러 어두운 면을 비로소 발견했던 것이다. 그는 전후에 열린 해군반성회에서 도쿄재판 이후의 소회를 다음과 같이 밝혔다.

"거의 2년 반에 걸친 심리를 통해 가장 안타깝게 여겨진 것은, 해군은 항상 정밀하게 사고하면서도 그것을 국책에 반영시키는 용기가 부족했고, 결국 전쟁, 패전으로 나라를 잘못 인도하기에 이르렀다는 겁니다. 육군은 폭력범, 해군은 지능범입니다. 어느 쪽이든, 육해군만 있는 줄 알고 (정작 그 위에) 나라가 있다는 것은 잊고 있었습니다. 패전의 책임은 오십보백보입니다."

그는 '해군이 육군과 나란히 수많은 전쟁범죄를 저지른 점' 또한 꼬집었다. 토요타는 이후 정략적으로 만들어진 이미지를 넘어 일본 해군의 명암을 후세에 전하는 것을 목표로 일본 각지에서 전범재판 관련 자료들을 수집하며 여생을 보냈고, 1995년 93세를 일기로 세상을 떠났다. 그러나 토요타를 비롯한 관계자들이 남긴 반성 어린 메시지에도 당시에 희석된 전쟁책임은 여전히 그 윤곽을 구분하기조차 어려워 보인다.

이러한 암약들 속에서 천황의 무결성에 대한 신화는 지켜질 수 있었다. 그러므로 전쟁에 회의감을 느꼈던 기시 씨는 패전 후에도 변함없이 천황에 대해 공경심을 가질 수 있었던 것이다. 기시 씨의 이런 사고는 공산주의에 관한 평가에서도 읽힌다.

기시: 그러니까 지금도 그렇죠? 공산당이라고 하면, 별로 좋은 느낌은 없지 않아요?

박: 아, 그래요?

기시: 네, 역시 좋은 느낌은 없어요. 일반인은 공산당이라고 하면 싫다고 해요.

박: 정말요? 그건 의외군요.

기시: 일본 국민은 모두 그렇게 생각해요.

박: 공산당이 일본의 전통을 부정하는 세력의 이미지입니까?

기시: 네, 역시 공산당이 있으면 일본은 안 된다고 말들을 하지요. 절대로, 공산당은 진짜 반대해요.

박: 역사적인 배경이 있군요.

기시: 네, 이미 옛날부터 그렇습니다.

기시 씨는 제국 시대에 반공교육을 받았다. 그때의 반공교육이 현재의 시점까지 이어지고 있는 것은 일본공산당이 천황제 폐지를 주장해왔던 것과 관련이 있다. 기시 씨는 '공산당이 일본 전통을 부정하는 세력의 이미지'인가라는 질문에 긍정하면서, 공산당은 '절대 반대'라고 분명히 밝혔다. 즉 기시 씨에게 국체는 전후에도 여전히 신성불가침의 영역으로 남은 것이다.

물론, 제국 시대에 형성된 관념이 깨지는 경우도 있었다. 일본의 패전 소식을 '청천벽력'으로 받아들였던 히로토 씨는 자신이 목도한 전후 일본의 변화를 '혁명'에 비유하며 긍정적인 평가를 남겼다.

히로토: 미야자와* 교수가 혁명이 일어났다고 표현했죠? 무혈혁명이 일어났다고요. 혁명설이죠? 미야자와 선생님의 설은요, 사권私權이 말입니다. 국민의 총의에 따라 천황이 인정되는 것이죠? 사권은 말이죠. 옛날에는 아니었잖아요. 아니죠? 옛날에는 사권이 있어도 천황이 전부 총감독한다는 것이었으니까.

그것이 아니고 이제 천황은 국민이라고. 이번에는 그렇지 않아요. 그러니까 완전히 국체가 바뀐 거죠. 그러니까 이것이 무혈혁명이라는 것이 미야자와 씨의 설이에요. 네, 혁명, 무혈혁명. 그러니까 혁명이란 거기에 다툼이 있다고. 그런데 이 일본의 경우는 피 흘리지 않고, 무혈. 싸움이 없이 혁명을 벌였다는 거예요.

박: 그 혁명에 대해 히로토 씨는 그다지 거부감 없었다는 것이지요?

히로토: 응, 응, 맞아, 맞아요.

히로토 씨는 패전 후 무혈혁명으로 일본의 국체가 바뀌었다고 평가했다. 즉 천황을 중심으로 하는 '국체 수호'를 위해 군인으로서 전쟁에 동원되어 싸워온 히로토 씨에게 그토록 지켜야 할 대상으로 설정되었던 국체가 근본부터 뒤흔들린 상황이 현실로 다가왔던 것이다. 그 변혁이 점령군인 미군에 의해 강요

＊ 미야자와 토시요시宮澤俊義, 1899~1976: 일본의 법학자. 패전 후 일본의 신헌법 제정에 기여하는 등 헌법학의 권위자로 평가받았다. '대일본제국 헌법'에서 '일본국 헌법'으로의 이행을 '국민주권의 혁명적 변동'이라고 주장했다.

너희는 죽으면 야스쿠니에 간다

된 것이긴 했지만, 히로토 씨는 "민주주의가 무엇인지를 공부하고 싶다"고 생각할 정도로 새로운 체제에 호기심을 느꼈다. 스스로 민주주의에 관한 자료를 찾아 탐독하기까지 했다. 히로토 씨는 국체사상을 중심으로 한 국가관을 넘어 새로운 사회적 조건을 모색했던 것이다.

전쟁을 비판하면서도 천황에 관해서는 제국 시대와 같은 평가를 하고 있는 기시 씨. 국체가 뒤집히는 무혈혁명에 대해 호감을 느낀 히로토 씨. 두 사람의 이야기를 통해 국체사상을 근간으로 한 국가와 민족의 정체성이 패전을 기점으로 어떻게 변용되었는지를 알 수 있다.

야스쿠니만은 절대 부정할 수 없다

한편 야스쿠니신사에 대한 평가 역시 살아남은 장병들에게는 여전히 뜨거운 감자였다. 지금까지 다뤘던 증언들에서 볼 수 있는 것처럼, 야스쿠니신사는 일본군 장병들의 사생관에 큰 영향을 끼친 정치적 장치였다. 이 야스쿠니신사에 대한 평가가 패전을 기점으로 어떻게 달라졌을까. 이를 살피는 것은 장병들의 전후 관념을 엿볼 수 있는 중요한 단서이다.

기시 씨는 전후에 제기된 야스쿠니신사에 대한 비판을 잘 알고 있다고 말했다. 특히 필자가 한국인이라는 점을 의식해서인지 야스쿠니신사에 대한 평가를 밝히는 것에 조심스러운 태도를 보였다.

그래서 종전되고 나서 여러 비판이 있었죠? 야스쿠니신사가 어쩌구저쩌구하고요. 그러니까 한국에서 징용 온 사람이라도 전사하면 야스쿠니신사에 모신다는 것에 상당한 무엇이 있었죠? 비판이 있었지만요.

지금 생각해보면, 그것이 정당한가 어떤가 하는 것도 꽤…… 제 입장에서 보면 말이죠. 젊은 시절에 받은 교육이 그런 교육이었으니까 말이에요. 그러니까 지금 와서 보면, '도대체 그 신사는 무엇일까?'라는 것이 되어버리는 것이죠.

하지만 역시 우리 입장에서 보면, 선배가 거기에 모셔져 있다고 하면, 일단 역시 그렇게 나쁘게는 생각…… 뭐라고 해야 할까요, 별로 나쁘게 생각하진 않지만요. 네.

기시 씨는 야스쿠니신사를 비판하는 측의 목소리에 일리가 있다고 인정하면서도, 야스쿠니신사의 존재 자체를 부정하는 주장에는 동의할 수 없다고 했다. 전사한 자신의 전우들이 모셔져 있는 공간을 그로서는 부정할 수 없다는 것이다.

참으로 그 야스쿠니신사가 어쩌고저쩌고, 뭐 여러 문제가 있어서 여러 가지로 말들이 있었지만. 생각하는 사람에 따라 다르겠지만, 나로서는 그렇게 배척할 만한 것은 아니라고 생각해요. 다들 저 야스쿠니신사는 안 된다고 하는 분들도 계시지만. 내 입장에서는 죽은 전우도 있고, 전우가 모셔져 있는 것을 가지고 '거기에 모시지 않아도 돼'라고 말할 수도 없고. '나라를 위해서'라고 말하고 죽어갔으니까. 그러니까 뭐, 좋다고

생각하는데. 저도 가본 적이 있지만, 가면 역시 여러 생각이
나요. 역시 신사에 가서 '아, 여기에 전우가 모셔져 있구나'라
고 생각하곤 하죠.

기시 씨는 전쟁 당시 "너희는 죽으면 야스쿠니에 갈 수 있
다"는 교육을 받았기 때문에 절망적인 상황에서도 죽을 각오
를 다질 수 있었다. 야스쿠니신사는 죽음의 공포로부터 장병들
의 전투의지를 다잡는 장치였던 것이다. 야스쿠니신사라는 공
간에는 전사한 전우들이 모셔져 있기 때문에 거기에 대한 비판
이 제기되더라도 기시 씨로서는 그 존재를 부정할 수 없다는 것
이다.

오히려 기시 씨는 야스쿠니신사의 존재가 전몰자 가족을
위로하고 있다는 점에서 "훌륭하다"고 평가했다. 그는 전몰자
가족을 둔 친척과 함께 야스쿠니신사를 참배했던 경험을 말하
며 그 순기능에 대해 언급했다.

기시: 역시 그때는요, 뭐 죽게 되면 결국 신사에 모셔주니까
뭐 '고마운 일이구나' 하고는 생각했죠. 그러니까 좀처럼 이
게, 종교라고 하는 것은 실로 어려워요. 나쁘다고 뭐라 하는
것도 그렇고, 좋다고 하면 그것도 이상하지만. 여기에 모셔지
게 된 사람의 부모는 감사하다고 생각할지도 모르지요. 일본
국민으로서는 말이죠. 저 역시 옆집의 친척이 전쟁으로 돌아
가셨거든요.
박: 아, 군인으로 참전하신 분입니까?

야스쿠니신사. 야스쿠니신사는 죽음의 공포로부터
장병들의 전투의지를 다잡아주는 장치였다.

기시: 저처럼 해군이었습니다만…… 그 부모님은 처음에는
"전쟁이 없었다면……" 하고 말씀하셨습니다. 하지만 야스쿠
니신사에 참배하게 되어서 "참배는 어땠습니까?"라고 물었
더니 "고마웠다"라고 하셨습니다. 역시 그런 점에서 야스쿠
니신사도 훌륭하니까요, 정말. 그러니까 여기에 모셔지면 유
족들 입장에서는 역시 감사하다고 생각하지 않을까요?

박: 그러면 그 야스쿠니신사의 존재가 당시 일본 장병들이 죽
음을 각오하는 데 있어서……

기시: 네, 역시 그건 말이죠, "너희는 죽으면 야스쿠니에 갈 수
있다"고, 그런 교육을 받았어요.

　신사에 모셔진 전우들을 생각하면서 기시 씨는 야스쿠니
신사를 긍정적으로 평가했다. 특히 그의 이야기를 통해 유족들

이 이 신사를 어떻게 생각하는지를 엿볼 수 있었다. 이렇듯 전시에 국민과 장병들의 의식에 강한 영향력을 발휘했던 야스쿠니신사는 전후에도 전몰자의 가족이나 지인들의 의식 속에서 여전히 기능하고 있었다.

전후 수립된 새로운 질서에 대해 호감을 보였던 히로토 씨 또한 야스쿠니신사를 부정하는 논의에는 다소 거부감을 드러냈다.

이걸 군국주의의 뿌리, 상징이라는 식으로 말하지만, 저는 생각이 달라요. 다들 말이죠, 나라를 위해 헌신한 거잖아요? 그렇죠? 어느 나라든 나라를 위해 죽은 사람을 위령하는 것은 당연한 일이잖아요. 그러니까 도조 히데키와 함께 모셨기 때문에 유감이라는 건데, 그게 이상하다니까요?
도조 히데키는 물론 전쟁책임이 있는 실형범일지도 모르지만, 거기에는 몇천, 몇만 명이 있잖아요? 몇만분의 1이지요? 그렇죠? 그것에 대해 야스쿠니신사가 외국으로부터 비난당하는 것은 나로서는 이해하기 어려워요. 영혼을 쉴 수 있는, 안식처로서의 공간이 신사잖아요? 그렇죠? 야스쿠니신사라는 것은요.
어느 나라든 그런 법이 있어요. 그래서 저는 그 논쟁에 동조하는 일본인도 이상하다고 생각하는 것입니다.

히로토 씨는 야스쿠니신사의 존재를 "나라를 위해 죽은 사람을 위령하는" 시설로 해석했다. 야스쿠니신사에 도조 히데키와 같은 전범이 함께 배향되어 있다고 해도,[*] 그 사람들은 지극히 일부이며 따라서 이를 정치적으로 트집 잡는 것은 타당하지 않다는 것이다.

야스쿠니신사에 관한 기시 씨와 히로토 씨의 평가는 전시와 전후의 급격한 변화에도 전쟁 중에 주입된 의식이 여전히 개인의식에 남아 있다는 걸 보여주는 중요한 예이다. 특히 전후의 신질서를 무혈혁명이라 부르며 고평가했던 히로토 씨조차도 야스쿠니신사에 대해서는 완강한 입장을 드러내고 있는 것은 인상적인 대목이다. 요컨대 불합리하게 강요된 장병들의 죽음을 미화하면서 국민을 통합하는 사상전의 도구로 쓰였던 야스쿠니신사의 기능은 여전히 소멸되지 않은 것이다.

기억되지 못한 전쟁 체험

종전 이후 참전자들은 각자의 전쟁 체험을 가슴에 간직한 채 저마다의 삶을 살아갔다. 포로 생활을 마치고 1946년 3월 일본으로 귀국한 히로토 씨는 공습으로 잿더미가 되어버린 집을 마주하고 기겁했다. 다행히 부모님은 무사했지만, 히로토 씨는

---

[*] 야스쿠니신사에 배향되는 제신祭神은 천황의 재가를 얻어 결정되었으나, 패전 후 연합군최고사령부에 의해 국가신토가 폐지되면서 천황의 재가를 통한 제신 배향은 이루어지지 않게 되었다. 이후 1978년 3월에 야스쿠니의 궁사로 취임한 마쓰다이라 나가요시松平永芳가 그해 10월 17일 A급 전범들을 '쇼와 순난자'로 칭하고 비밀리에 신사에 합사시켰다.

전쟁 이전의 삶으로 돌아가지 못했다.

저의 시대는…… 그래서 전쟁에서 돌아왔을 때 말이죠. 이게 어떻게 된 일인지 알 수 없었어요. 전쟁이 끝난 게 1945년 8월이죠? 복원(귀국 및 민간 사회로 복귀)한 것은 1946년 3월 말입니다. 8개월 만이죠? 그 8개월 사이에 다 바뀌었거든요. 이미 일본 헌법의 초안이 마련되어 있었어요. 신문에 실렸던데요? 그래서 천황 폐하의 지위조차도 바뀌어버렸잖아요. 나는 도대체 지금까지 뭘 공부한 건가 싶었어요. 새로운 사상에 대해서는 전혀 모르잖아요?
그래서 저는 집으로 돌아가서 아버지께 다시 공부하게 해달라고, 대학에 가고 싶다고 말씀드렸어요. 그랬더니 이제 우리 집은 그럴 여유가 없다는 겁니다. 도쿄에 보내줄 여유 따위는 없다고. 저보고 일하라는 것이죠. 하하. 울었네요, 정말. 이제 와서 돌아보면, 아버지는 저 이상으로 우셨을 거라고 생각해요. 아버지가 '너 공부해라' 하셨을 때는 제대로 공부하지 않다가, 막상 제가 공부하고 싶다고 하니 돈이 없다고…… 분명 저보다 더 슬펐을 거예요. 그 마음은 저도 아이를 가지게 되면서 처음으로 알게 된 것입니다.

히로토 씨는 결국 배움의 뜻을 접고 생업 전선에 뛰어들었다. 패전한 조국의 땅에서 일자리를 구하기는 쉽지 않았다. 그는 간신히 전몰장병 유족들의 일자리 마련을 위해 국가 차원에서 조성한 의류 공장에 터를 잡을 수 있었다. 그러나 취업에 성공했다는 안도감도 잠시 이내 깊은 염증을 느끼게 됐다. 전몰장병의 어머니나 아내, 누이가 하루 종일 미싱을 돌리며 고된 노동을 감내해봐야, 그들에게 지급되는 급료는 남은 가족을 부양하기에는 한참이나 모자랐다. 그 비극을 비웃기라도 하듯 공장의 경영진은 남은 옷감을 횡령하며 자기들 배를 채웠다. 가난과 부패가 만연한 패전 조국의 현실 앞에서 히로토 씨는 자신이 너무나 무력하다고 느꼈다.

결국 그는 4년 만에 이직을 결심했다. 그가 '상점의 민주화'에 대해 논술하라는 입사 시험을 치르고서 어렵사리 들어간 곳은 오사카증권거래소였다. 당시 오사카증권거래소는 전쟁이 끝난 후 일본을 통치하던 연합군최고사령부의 '재벌 해체' 정책에 따라 쇄신을 거듭하고 있었다. 이후 일본이 고도성장기를 맞이하게 되면서 모두가 선망하는 직장이 되었다. 그는 그곳에서 임원까지 지내며 인생의 황금기를 보냈다. 궁핍의 시기는 완전히 지나갔고, 자녀들은 번듯하게 자랐다.

그러나 히로토 씨는 사별한 아내에게도, 자식에게도, 손자에게도 자신의 전쟁 체험에 대해 일절 이야기한 적이 없다고 했다. 그는 이 전쟁 체험이 "전혀 아무런 의미가 없다"며 잘라 말했다. 히로토 씨는 어째서 자신의 전쟁 체험이 아무 의미도 없다고 생각하는 것일까. 자신이 살아냈던 제국 체제와 전쟁의 그림자가 가족들은 물론 후세 일본인들에게 공감받기 어렵다고 느낀 것일까. 실제로 한국인인 필자가 인터뷰 요청을 하기 전까지 그 어떤 일본인도 자신의 전쟁 체험을 듣기 위해 찾아온 적이 없었다고 했다. 시대의 망각과 무관심 아래서 히로토 씨는 입을 열 기회조차 얻지 못한 것이다. 그런데 어느 날 특기할 만한 사건이 일어났다. 국가에서 연락이 온 것이다. 히로토 씨는 인터뷰 도중 총리대신의 명의로 받은 참전증서와 금장 회중시계를 꺼내 보여주었다.

히로토: 제가 불쌍했나 봐요. 제1차 아베 내각 때…… 제가 전쟁 때문에 반년인가 1년쯤 외지에 나가 있었잖아요? 그래서 이걸 준 것입니다.

박: '2007년'이라고 쓰여 있네요.

히로토: 여행 보내주거나 시계를 받거나 할 수 있었어요. 여행권이냐, 시계냐. 그래서 저는 시계가 좋다고 했죠.

박: 그게, 일본이라는 나라가 참전하신 분들을 위해 뭔가 노력한 것입니까?

히로토: 어쨌든? 하하. 예산이 남았어. 예산이 남아돌아서요. 예산이 남았겠지? 그래서 손전등까지 같이 주더라구요.

박: 정부에서 주었다는 것은……

히로토: 아마도요, 선거 대책이라고 생각해요. 아베 내각의 선거 대책이었다고.

가족들에게조차 말할 기회가 없었던 전쟁 체험, 그리고 국가에서 '선거 대책'으로 지급한 금시계. 떨떠름한 자세로 과거를 마주하는 일본 사회의 단면이 엿보이는 지점이다. 국민에게 죽음을 강요했던 집합의식이 존재했다는 사실, 일본 사회는 여기에 대해 그 어떤 진지한 성찰도 없었다. 그러니 그 아래서 동요하고 괴로워하던 개인의 내면에 대한 문제는 더더욱 주목받을 수 없었다. 국가는 선거철을 맞아 이들의 참전을 '애국'과 '보훈'으로, '나라를 위한 숭고한 희생'으로 선전하며 자신들의 선거에 이용했다. 전쟁을 체험했던 개인의 내면에 대한 성찰이 결여된 전쟁 담론은 결국 정치적이고 정략적일 수밖에 없다는 걸 보여준다.

100세가 넘은 히로토 씨는 전우들 중 살아 있는 사람은 자신뿐이라고 했다. 곧 그의 기억도 기록되지 않는다면 머지않아 사라지고 말 것이다. 전쟁 체험자들의 목소리가 사라지면 결국 그 뒤에는 특정한 의도에 따른 미사여구만이 남게 될 것이다.

기시 씨 역시 사정은 비슷했다. 함께 교육을 받고 싸웠던 전우들 중 이제 세상에 살아남아 있는 이는 기시 씨 혼자뿐이다. 카토리 기지에서 잔무 정리를 마친 후 전우들과 의기투합해 전기점을 창업했을 정도로 그에게 전우들의 존재는 매우 중요했다.

세 명이서 전기점을 열었는데, 그때 해군 통신 소대장이었던 사람 이름이 이시카와 씨였기 때문에 이시카와전기상회石川電気商会가 되었습니다. 그 우리 대장이 "야! 내가 대장이 되어서 전기점 할 테니까, 다들 같이할까?"라고 해서 시작하게 된 것입니다. 이시카와 소대장은 해군에서도 아주 우수한 인재였어요. 벌써 지금 3대째인가? 동네에서 제일 큰 전기 가게입니다.

열심히 일했습니다. 연예인 같은 사람이 오면 마이크 세팅해

너희는 죽으면 야스쿠니에 간다

야 하잖아요? 다바타 요시오田端義夫,* 오미 토시로近江俊郎,**
후지야마 이치로藤山一郎*** 같은 사람들이 온다는 것입니다.
그 사람들이 오면 마이크를 야외에 설치해야 하잖아요. 그럼
"전기점 분들 힘들죠?"라고 그쪽에서 말하면 "에이, 뭐 어쩔
수 없죠!"라는 식으로 말하고 웃지요. 선거가 있으면 선거 스
피커를 자동차에 설치하고서 유세를 하잖아요? 확성기를 가
지고 마이크를 들고. 결국 선거를 위해서는 그 정도는 하잖
아요? "깨끗한 한 표 부탁드립니다!"라는 식으로 말하면서.
그거 때문에 마이크 설치도 하고 뭐, 별걸 다 했죠. 종전 후에
는요.

가게는 잘되어서 지금도 있어요. 돈도 훌륭하게 벌게 되어서
지점도 만들었고요. 저도 실은 지점장을 하게 돼서 나리타로
가게 되었는데, 그것 참…… 장사가 별로…… 하하, 가자마자
실적을 올리긴 어려우니까, 결국 뭐……

함께 전쟁을 겪은 전우들은 서로 희로애락을 나누며 여생
을 의지할 수 있었다. 창업을 함께한 이들 외에도 카토리 해군
항공기지에서 근무했던 이들과는 1946년에 조직된 '잔물결회細

---

*   1919~2013. 가수, 기타리스트. 소학교 3학년 중퇴 후 영양실조와 오른쪽 눈
     실명 등으로 고통받으면서도 음악에 대한 꿈을 키웠고, 1938년 가요 콩쿠르
     에서 우승한 것을 계기로 유명 음악인이 되었다.
**   1918~1992. 가수, 작곡가, 영화감독. 전쟁 시기부터 가수로 활동했으며,
     1950~1960년대에 영화계와 TV 프로그램에서 활동했다.
*** 1911~1993. 가수, 성악가, 작곡가, 지휘자. 1992년 스포츠 선수 이외에는 처
     음으로 국민영예상을 받았다.

波会’라는 전우회를 통해 친목을 유지했다. 그러나 인간사의 인연도 세월을 거스를 수는 없었다. 전우회는 회원들의 고령화로 해산되었고, 기시 씨와 연락이 닿던 전우들은 모두 세상을 떠났다. 기시 씨에게는 더 이상 자신의 전쟁 체험을 나눌 수 있는 사람이 없었다.

기시 씨의 아들 기시 히데아키岸秀明 씨는 현재 자위대에 근무하고 있지만, 단편적인 이야기 외에는 아버지의 전쟁 체험에 대해 진지하게 대화를 나눈 적이 없다고 한다. 아버지가 가족들에게 별말도 없이 요카렌에 지원했던 것처럼, 아들도 가족들과 상의 없이 자위대에 들어갔다. 본인이 자위대에 있으면서도 왜 아버지와 전쟁 체험에 관한 소통은 부족했던 것일까.

기시 씨는 아들 세대가 자신의 세대와는 완전히 다르다고 잘라 말했다.

박: 그럼, 아드님이 자위대에 들어가신 후로 걱정 같은 것은 하지 않으셨나요?

기시: 전쟁이 없으니까 걱정은 안 됐네요. 전쟁 때나 뭐 걱정이 되지요. 우리처럼 전쟁 때라면 말이죠, 그거야 정말 언제 죽을지도 모르니까. 지금 시대에 그럴 일은 거의 없잖아요? 적의 총알이 날아올 리도 없고 뭐. 아마 없으니까, 일본 내에서는. 일본은 전쟁을 할 수가 없으니까, 절대로…… 그러니까 그런 점은 좋다고 생각해요. 하하.

히로토 씨처럼 기시 씨의 이야기에서도 자신의 전쟁 체험을 현재의 세대와는 동떨어진 과거의 유물로 여기는 심리가 엿보였다. 함께했던 전우들과는 전쟁의 기억을 나누며 친목을 다졌으면서도 자식들에게는 전쟁에 대해 입에 올리는 일이 거의 없었다. 패전으로 인해 일본은 '전쟁을 할 수 없는 나라'가 되었기에 처참했던 전쟁의 기억을 안고 가는 것은 자신들의 세대로 족하다는 마음을 가지고 있었는지도 모르겠다.

히로토 씨나 기시 씨와 달리 코타니 씨는 전쟁의 기억을 다음 세대로 전하는 작업에 열정적이었다. 우즈라노 해군항공기지에서 비행장 건설과 전투기 조립 등을 하느라 "잠도 자지 않고 일했던" 코타니 씨의 근무 기록은 패전 후 망실되었다. 명단에 이름을 올리지 못한 코타니 씨는 국가나 회사로부터 아무런 보상을 받을 수 없었다. 이게 한이 되었던 것일까. 코타니 씨는 버려진 우즈라노 해군항공기지에서 벗어나지 못했다. 지금도 우즈라노 비행장에서 4킬로미터 떨어진 곳에 거주하고 있는 그는 지자체를 중심으로 이루어진 우즈라노 해군항공기지 복원 및 평화 사업에 적극 참여하고 있었다. 코타니 씨를 비롯해 우즈라노 해군항공기지에서 근무했던 군인과 군속들을 취재하며 20년 이상 비행장 복원 사업을 주도해왔던 우에타니 아키오上谷昭夫 씨는 코타니 씨와의 인터뷰에 동석한 자리에서 이렇게 말했다.

"전쟁을 직접 체험한 세대는 곧 이 세상에 남지 않게 됩니다. 그렇게 되면 전쟁이란 무엇인지, 평화의 가치가 어째서 소중한 것인지를 누가 전해줄 수 있을까요? 풍화되고 잊혀가는 전쟁에 대한 기억을 후세에 전하는 것은, 미래의 평화를 위해 참으로 중요한 작업입니다."

인터뷰이 모두 기억되지 않는 전쟁 체험을 안고 패망해버린 제국의 잔해 너머로 각자의 삶을 이어왔다. 새로운 질서 위에서 그들의 기억은 설 자리가 없었다. 나라를 위해 헌신해야 할 국민으로서 그들을 빚어냈던 국체사상의 교육 이념은 폐기되었고, 천황을 제국의 유일한 주권자로 상정했던 '대일본제국헌법'은 이른바 '평화헌법'으로 대체되었다. 육군과 해군은 해산되었고, 일본이라는 나라는 공식적으로 무력 행사를 분쟁 해결 수단으로 영구히 사용할 수 없게 됐다. 폭력으로 점철된 시대는 지나갔고 눈부신 번영의 시대가 도래했다. 전쟁책임에 대한 심판과 반성이 논의되기도 했지만, 정치적·국제적 이해관계가 맞아떨어지면서 일부 '전범'들만 처벌받는 것으로 과거사 정리는 흐지부지되었다. 무엇보다도 새로운 시대를 맞아 고도성장의 톱니바퀴를 숨 가쁘게 돌리던 이들에게 전쟁 체험의 이야기란 그저 따분하기 그지없는 과거의 유산에 불과했다.

왜 과거사는 정리되지 못했을까

어째서 과거는 정리되지 못한 것일까. 자국민을 파멸로 내몰고 아시아 각국에 처참한 상처를 남긴 그때의 전쟁에 대해 성찰하는 작업은, 전쟁을 주도했던 육군에게 모든 책임을 떠넘기는 수준에서 머물러왔다.

도조 히데키를 위시한 육군 측 주요 피고인들은 도쿄재판에서 "만주사변, 일중전쟁, 대미전쟁이 일본의 자위를 위한 선택"이었다고 주장했다.[40] 특히, 전후 일본을 사실상 통치하게 된 미국에 대해서도 "일본이 대미 개전에 돌입한 것은 미국이 일본을 향해 경제전쟁(경제봉쇄)를 벌였기 때문"이라고 강변하며 각을 세웠다.[41] 육군 측 피고인들이 거듭 주장했던 '자위전쟁론' '대동아전쟁 긍정론'은 극형 판결로 심판되었다.

그 요동치는 정세 속에서 어떤 이들은 새로운 기회를 찾았다. 그들은 미국의 일본 통치, 더 나아가 미국이 주도하는 동아시아 질서에 협조함으로써 자신의 보신을 꾀하고자 했다. 반미적인 육군 지도자들이 모든 책임을 짊어지고 형장의 이슬로 사라져주는 것은 전쟁책임 면피를 시도하던 정객들에게도, 일본을 적극적으로 이용하고자 했던 미국에도 바람직한 일이었다. 해군 측이 '천황 면책'이라는 대의를 내걸고 물밑에서 맥아더 사령부와 흥정하는 데 성공해 도쿄재판에서의 추궁을 성공적으로 방어해낸 것은 시작에 불과했다.

일본은 1951년 미국 샌프란시스코에서 이루어진 강화조약을 통해 공식적으로 주권을 회복했다. 미국과 대립하던 소련은 물론, 일본과 15년을 교전해왔던 중국까지 배제된 이 샌프란시스코강화조약은, 새롭게 정립된 미·일 간의 종속관계를 드러내는 것이었다. 이듬해 "미군의 일본 본토 점령"은 "미국의 오키나와 계속 점령"을 "대가"로 종결되었다.[42]

이후, 오키나와는 베트남전쟁을 비롯해 미국의 아시아 전력의 창날로 기능했다. 일본 본토 역시 미국과의 종속관계에서 이른바 '평화헌법'을 문자 그대로 지킬 수는 없었다. 1957년 총

1960년 6월 18일 도쿄의 국회의사당
앞으로 몰려든 시위대. 이날 33만여 명의
인파가 모였다.

너희는 죽으면 야스쿠니에 간다

리대신에 취임한 기시 노부스케岸信介는 표면적으로 자주외교를 표방하면서 실제로는 미국의 아시아 전략에 적극적으로 편승했다. 도조 내각에서 상공대신을 지낸 그는 명실상부한 전쟁지도자의 한 사람이었지만, 도조 히데키와 육군이 전쟁책임을 지고 심판된 데 이어 일본이 (공식적으로) 주권을 회복한 이상 그의 출세가도에 걸림돌이 될 만한 것은 없었다.

기시 노부스케가 추진했던 1960년의 '일미 신안보조약'은 일본 현대사의 주요한 기점으로 평가된다. 기시 노부스케의 의지에 따라 집권 여당이었던 자유민주당은 다수결로 밀어붙여 미국과의 군사동맹안을 중의원에서 통과시켰다. 절차는 법적으로 문제가 없었으나, "전시내각의 대신이었던 인물"이 다수당의 힘을 휘둘러 군사동맹을 가결한 것은 "민중"의 엄청난 "분노"를 불러일으켰다.[43]

310만의 국민이 쓰러진 전쟁이 끝난 지 겨우 15년이 흐른 시점. 평화헌법이 시퍼렇게 살아 있는 상황에서 군사동맹을, 그것도 전쟁 당사국이었던 미국과의 군사동맹을 추진한다는 것은 많은 이들에게 결코 용납될 수 없는 사태였다.

일미 신안보조약에 대한 반대 시위가 격화되자, 기시 노부스케는 경찰기동대는 물론 우익 폭력 단체들까지 동원해 이를 억누르고자 했다. 그러나 폭력적인 시위 진압은 오히려 사태를 더욱 악화시켰다. 6월 15일, 도쿄대 여학생 간바 미치코樺美智子가 경찰기동대와의 충돌 과정에서 사망하는 사건까지 발생하자 민중은 더욱 격앙되었다.

중의원 가결안이 법률로 발효된 6월 18일, 33만여 명의 인파가 도쿄의 국회 앞으로 몰려들었다. 이날의 시위는, 국회에 대한 항의집회 규모로는 일본 역사상 최대 규모였다. 일미 신안보조약을 기념하여 방일을 위해 필리핀까지 날아와 있던 미국 대통령 아이젠하워는 일본에서의 소요 사태에 놀라 일본 방문 일정을 취소했다. 기시 노부스케 내각은 결국 모든 책임을 지고 7월 15일 총사퇴하기에 이르렀다.

그러나 이미 발효된 신안보조약은 법적 효력을 그대로 유지했다. 분쟁 해결 수단으로 무력을 행사하지 않겠다는 평화헌법의 다짐은, '일본의 안전 또는 극동의 평화 및 안전에 대한 위협이 발생한 경우' 일본과 미국이 공동으로 군사행동을 벌일 수 있는 법적 근거를 마련한 일미 신안보조약 앞에서 무색해지고 말았다. 일본 육군 항공대 장교로 전쟁을 체험한 바 있는 역사학자 오에 시노부大江志乃夫는 저서 《천황의 군대天皇の軍隊》에서 자위대가 미군에게 종속된 현실을 지적하며 '일본 정부/국회로부터의 통수권'보다 미군이 요구하는 '작전 준비'가 더 우선시되고 있다고 평가하기까지 한다. 그리고 민중의 저항으로 정권에서 퇴진했던 기시 노부스케의 의지는 그의 외손자 아베 신조를 비롯한 후계자들을 통해 지금의 일본에서도 여전히 생명력을 이어가고 있다.

결여된 성찰과 미국에 대한 종속은, 전후 일본의 혁명적 변화에도 불구하고 숱한 모순점과 문제점을 남겼다. 그 소용돌이를 히로토 씨나 기시 씨, 코타니 씨와 같은 전쟁 체험 세대가 살아왔다. 국민의 생명이 깃털보다 가볍게 취급되었던 끔찍한 부조리를 체험했던 옛 세대의 사람들. 그들은 그때의 전쟁이 대관절 무엇이었는지에 대한 책임 있는 설명을 듣지 못한 채 신질서와 마주해야 했다. 자신들의 고통이 무의미했던 것이었음을 받아들일 수 없는 사람들도 있었다. 그들은 옛 질서의 회복을 지향하며 일본의 우경화에 힘을 보탰다. 또 어떤 이들은 통렬하게 자신의 과거와 국가폭력의 본질을 성토했다. 그러나 그보다 더 많은 이들은 정리되지 않은 상념을 침묵 속에 묻어둔 채 새로운 삶으로 달려 나갔다. 어느 쪽에 해당하든 그들은 과거 유산으로 치부된 전쟁 체험의 기억을 외롭게 떠안아야 했다. 가끔 이들에 대한 시혜적인 조치가 나오기도 했지만, 히로토 씨가 꼬집었던 바와 같이 결국은 전쟁 체험자들을 정략적으로 이용하기 위한 사탕발림에 지나지 않았다.

이들은 결코 공감받지 못할 기억의 짐을 자손에게 전하기보다는 전우들과 모여 추억을 나누는 것으로 그 허탈감을 풀었다. 그렇게 시간은 계속해서 흘렀고, 이제 전쟁 체험 세대는 역사의 저편으로 완전히 저물 것이다. 이제 이들이 완전히 사라지면 기시 씨가 말했던 "총알이 날아올 일이 없는" 평화의 시대가 과연 영속할 수 있을까.

그들에게 전쟁은
무엇이었나

국체사상이 일본 장병들에게 끼친 영향

전쟁사 연구가 야마자키 마사히로山崎雅弘는 천황을 정점으로 하는 국체사상이 일본 장병들로 하여금 "살아남는다는 선택지를 빼앗았다"고 평가했다.[44] 이렇듯 제2차 세계대전 당시 제국 일본에서 벌어진 사상통제는 그 유례를 찾기 어려울 정도로 장병들의 사생관에 강력한 영향을 미쳤다.

제2차 세계대전 당시 일본의 동맹국이었던 독일의 경우와 비교해봐도 제국 일본의 사상통제가 얼마나 극단적이었는지 알 수 있다. 독일에서도 나치즘을 중심으로 사상통제가 강도 높게 이루어졌지만, 그 전개와 결말은 일본과 전혀 달랐다.

이를테면 독일은 소련과의 전쟁에서 반공과 민족·인종주의에 입각한 프로파간다 사상전을 펼쳤다. 소련 침공의 명분은 독일 민족의 생존권역 확보 및 반공 십자군전쟁으로 선전되었고, "소련의 공산당 정권이 붕괴될 것"이라는 전망이 들끓었다.[45] "소련 민중 대다수가 스탈린의 학정에서 해방되기를 바라고 있기 때문에 신속한 승리가 가능하다"는 선전도 뒤이었다.[46] 무엇보다 "소련인을 쓸모없는, 믿을 수 없는 열등 인종"으로 간주하며 독일 민족의 우수성에 관한 신념을 주입했다.[47] 열등 인종인 소련인과의 전쟁에서 패전하는 것은 독일 민족이 멸종되는 것과 같은 의미로 정신 동원을 한 것이다. 특히 전쟁 말기에 소련군이 독일 본토로 진입하자, 독일 선전부는 소련군의 강간 범죄를 부각하며 "복수는 우리의 미덕, 증오는 우리의 의무"라는 프로파간다를 내세우고 민족적 순수성을 사수해야 할 독일

남성의 사명을 강조하기도 했다.[48]

그러나 전황의 악화와 함께 나치의 사상통제는 영향력이 빠르게 상실되었다. 가령 프랑스계로서 독일군에 입대해 대소전쟁에 참전했던 기 사예르는 나치의 사상통제하에 벌어진 전투나 학살 등에 대해 회고하면서도 자신은 그저 살아남기 위해 적을 죽였다고 증언했다.[49] 실제로 히틀러 연구가 요아힘 페스트는 "집과 기업, 폐허가 된 장소로부터의 도망병 수색"이 있었기에 독일 본토로 진격하는 소련군과 맞서 싸울 전선의 유지가 가능했다고 평가한다.[50] 히틀러는 "서쪽으로 물러나는 것은 모두에게 금지된다. 이 명령에 따르지 않는 장교들은 무조건 체포하고 즉시 사살할 것"이라고 거듭 경고했지만 일선의 독일군 장병들이 후퇴하고 도망치는 것을 막을 수는 없었다.[51] 이러한 맥락에서 야마자키 마사히로는 히틀러의 후퇴 금지 명령을 무시한 독일군 지휘관들의 경우와 옥쇄 명령에 복종한 일본군 지휘관들의 예를 비교하며 일본군에게 국체사상이 얼마나 절대적인 영향력을 발휘하고 있었는지를 논한 바 있다.[52]

요컨대 타국과 비교해도 국체사상을 핵심으로 하는 내셔널 아이덴티티가 일본 장병들에게 끼친 영향은 절대적이었다. 이러한 시각에서 근대 이후 총력전과 제국 일본의 국체사상에 대해서 여러 선행 연구가 이루어져왔다. 그러나 이와 같은 거시적 관점의 접근으로는 전쟁 상황에 놓인 개인의식의 영역을 고찰하는 데 한계가 있다. 일본의 국체사상이 전쟁 기간 내내 집합의식으로서 강하게 작용했다 해도, 전쟁에 내던져진 장병들의 개인의식이 거기에 어떻게 반응했는가 하는 것은 결국 별개의 영역으로 볼 수밖에 없기 때문이다.

물론 전쟁 상황에 놓인 개인의식의 동요를 읽을 수 있는 자료는 많다. 가령 전몰 학생 75명의 수기가 담긴《들어라, 와다츠미의 목소리》(1949)는 개인의식이 극한의 전쟁 체험 속에서 어떠한 격동을 겪게 되었는지를 잘 보여주는 문헌이다. 이 학도병들의 수기에는 가족이나 고향에 대한 그리움, 군대 생활에서 비롯된 고통, 제국 체제에 대한 비판, 적 국민에 대한 친밀감이나 죄책감, 전쟁 자체에 대한 회의감까지 가감 없이 드러나 있다.

예를 들면, 육군 특별공격대의 우에하라 료지가 유서에 "나는 명확하게 말하면 자유주의를 동경하고 있었습니다. 일본이 진정으로 영구히 지속되기 위해서는 자유주의가 필요하기 때문이라고 생각합니다"라고 쓴 것은, 천황을 정점으로 하는 국체사상을 정면으로 부정하는 내용이라고 할 수 있다.[53] 황민화 정책과 개인의식 사이에 존재하는 간극은 다른 전몰자의 사례에서도 찾아볼 수 있다. "국가가 거듭되는 개인적 희생에 대해 완전히 맹목적이어도 좋은 것인가" "나는 한없이 조국을 사랑한다. 그러나 사랑할 가치가 있는 조국이 내게는 없다"는 내용은 국가와 전쟁의 정당성에 의문을 제기하는 의미로 읽힌다.[54]

카이텐 특공대원으로 훈련 중 사고사한 와다 미노루 소위의 글《와다츠미의 목소리 사라지는 일 없이》에도 전쟁에 내던져진 개인의 심리가 뚜렷하게 드러난다. 이 책에는 와다가 고교에 입학할 무렵부터 사망할 때까지 남긴 일기와 편지가 담겨 있는데, 교육과정의 경험, 전황의 악화, 학도출진, 특공대 선발 등 주요 분기를 맞아 개인의식이 흔들리거나 변화해가는 과정을 살펴볼 수 있다. 와다는 고교 입학 직후 일기장에 "시대의 풍조에 무비판적으로 따라가는 것, 현대 전체주의의 강제적 해석에 부화뇌동하는 것, 저급한 군사주의에 가담하는 것은 반드시 배격해야 한다. 그리고 우리는 자주적으로, 일본 민족의 사명을 실현하는 것에 참가 협력하지 않으면 안 된다"고 남겼다.[55] 와다가 학교교육과 총력전 체제에 잠식된 사회 풍조에 강한 불만을 느꼈음을 알 수 있다.

물론 위와 같은 '동요'의 사례가 아닌 황민화 정책을 내면화한 황국신민으로서의 정체성을 유지한 사례 역시 여러 기록에서 어렵지 않게 찾아볼 수 있다. 이를테면 남태평양 솔로몬제도에서 싸운 후쿠야마 다카유키 대위는 자신의 회고록에서 "해군을 지원하고 나서 이미 오늘에 이를 각오가 되어 있었습니다"라는 내용의 유서를 남긴 17세 부하의 전사에 대해 언급한다. 요카렌 출신으로 가미카제 특공대원이 된 사와다 스케오와 야마구치 아츠지는 "조국 일본의 주춧돌이 되려 작심하고" 요카렌에 지원했다고 말했다.[56] 특공에 대해서도, "일본이라는 나라를, 부모를 지키는 것은 자신이다"라고 "마음으로부터 믿었기" 때문에 "아무런 의문도 갖지 않았다"고 단언하면서, "특공을 개죽음으로 평가절하"하는 것에 강한 반발을 드러냈다.[57]

이렇듯 전쟁에 동원된 각 개인의 의식을 엿볼 수 있는 단서들은 수없이 존재한다. 그러나 대부분은 그 주제가 전쟁 체험자체에 국한되는 경우가 많다는 한계점이 있다. 즉 단편적 사건을 넘어 생애 전반에 걸쳐 개인의식이 형성되고 변화하는 과정을 포착하기는 매우 어려운 것이다. 개인의 세계관이 전쟁 전에 어떠한 과정으로 형성되었으며 그것이 전쟁기에 어떻게 작용했는지, 전후에는 어떻게 변화했는지를 추적하는 것은 결국 생애사 기록을 통해 이루어질 수밖에 없다.

일본군은 왜 옥쇄 명령에 복종했는가

이 책에서는 일본의 군인 및 군속이었던 히로토 아키라 씨, 기시 우이치 씨, 코타니 히로히코 씨 등 3명의 이야기를 중심으로, 총력전 체제로 형성된 개인의식이 그들의 생애에서 변모하는 양상을 고찰해보고자 했다. 제국 일본은 국체사상을 기반으로 한 국가·민족 정체성을 개인에게 주입했고, 이는 죽음의 운명공동체를 전제로 한 국민의식의 형성으로 이어졌다. 인터뷰이들은 학교교육이나 일상생활에서 자신들의 존재를 죽음의 운명공동체로 설정된 일본 국민으로 자각하게 됐다. 천황을 정점으로 하는 국가 체제 안에서 그들은 나라를 위해 기꺼이 헌신해야 할 천황의 자식들, 일본의 국민이었다.

이 일본 국민으로서의 의식은 조사 대상자들의 전쟁 체험에서 강하게 작용했다. 야마모토 이소로쿠 대장이 전사했다는 소식을 듣고서 "우리가 싸우지 않으면 안 된다"고 생각하고 요카렌에 지원한 기시 씨의 사례는 어린 소년이 어떻게 나라의 운명을 자기 자신의 운명과 동일시하는지를 선명하게 보여준다. 또한 자신이 전사하는 것을 "일본을 위한, 모두를 위한 죽음"으로 믿고 옥쇄를 각오했다는 히로토 씨의 이야기는, 그들에게 형

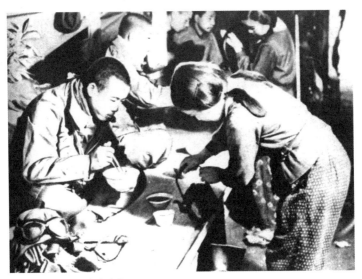

출격을 앞둔 특공대원에게
식사 수발을 드는 여학생.

성된 일본 국민으로서의 일체감이 죽음까지도 전제하고 있음
을 시사한다.

그러나 국체사상이라는 집합의식의 압력에 눌려 있던 이
들의 개인의식은 전쟁이 강요하는 극단적인 상황에서 흔들리
게 되었다. 패전 국면에서는 기존의 세계관이 아예 무너지기도
했다. 히로토 씨는 나라와 모두를 위한 죽음을 각오하면서도,
동기들과 군가를 부르며 죽음의 숙명에 대해 고뇌하고 심지어
는 눈물을 흘리기까지 했다. 출격하는 특공대원들을 전송할 때
마다 슬픔을 참을 수 없었던 기시 씨는 패망으로 치닫던 조국의
현실을 목도하며 본토결전의 허황성을 절감했고, 심지어는 조
기 종전을 바라면서 "일본이라는 나라는 어떻게 되어도 좋다"

고까지 생각하기에 이르렀다. 자신의 직무가 일본의 전쟁 수행에 도움이 된다는 긍지와 사명감을 가지고 "잠도 자지 않으며" 근무했던 코타니 씨는 패전 소식에 모든 것이 끝났다고 생각하고 전열에서 그대로 이탈해버렸다. 이처럼 개인의식은 총력전 체제 아래 형성된 집합의식에 철저하게 눌려 있었으면서도, 전쟁이 강요하는 극한 상황 속에서 끊임없이 흔들리고 동요했던 것이다. 특히 패전 이후 적국인들과 우호적인 관계를 구축할 수 있었던 것은 개인의식에 드리워져 있던 총력전 체제의 그림자가 급격하게 해체되는 모습을 보여주는 중요한 예라고 할 수 있다.

이러한 사례들에서 확인할 수 있는 점은 두 가지다. 총력전 체제하에서 이루어진 사상통제가 개인의식에 분명히 영향을 미쳤다는 점과, 그럼에도 각 개인은 집합의식의 주입을 전적으로 받아들이지 못했으며, 결국 슬픔이나 공포와 같은 인간적인 고뇌를 벗어던질 수 없었다는 점이다. 즉 사상통제를 통해 인간을 로봇처럼 빚어내는 것은 불가능하다는 것을 다시금 생각해보게 된다.

한편 그 어떤 사상통제로도 개인의식을 완전히 지배할 수는 없다는 점을 짚고 넘어간다 하더라도, 근대국가에 의한 사상통제의 위력은 여전히 간과할 수 없는 문제다. 전시의 관념이 전후에도 개인의식에 작용하는 사례가 많다는 점은 사상통제의 위력이 새삼 대단한 영향력을 발휘한다고 볼 수 있다. 특히 전시에 주입된 이데올로기가 이후 삶에서도 작동한다는 사실은 결코 가볍게 넘길 문제가 아니다. 야스쿠니신사에 대한 생각이 전쟁이 끝난 지 75년 이상이 지난 시점에서까지 체험자의 세계관에 굳게 자리 잡고 있는 사례를 우리는 확인한 바 있다.

이처럼 개인의식 영역을 고찰하는 것은 총력전 체제는 물론 역사의 맥락을 이해하는 데 매우 중요한 과제라고 할 수 있다. 무엇보다도 인간 존재가 전쟁의 부속으로 가공되는 과정과, 그 과정에서 일어나는 뒤틀림에 대해 들여다보는 것은 전쟁의 본질과 인권의 가치에 대해 크나큰 시사점을 제공한다. 모든 것을 동원한다는 총력전은 개인의 육신은 물론 정신마저 동원 대상으로 삼았다. 전쟁에 동원된 개인의 정신은 전쟁 수행에 '알맞게' 폭력적인 개조 과정을 거쳐야만 했다. 수많은 참극이 벌어진 끝에 전쟁은 끝났지만, 전쟁의 그림자는 남겨진 사람들의 의식에서 여전히 사라지지 않았다. 살아남은 사람들은 그 그림자 아래서 남은 삶을 꾸려가야 했다. 총력전의 비극성을 다시금 곱씹게 된다.

그러나 유감스럽게도 거대한 정치 역학의 흐름 아래서 개인의 기억이 있는 그대로 조명받는 것은 참으로 어려웠다. 필요에 따라 그들은 나라를 위해 헌신한 용사로 미화되기도 했고, 침략전쟁의 가해자로 지탄받기도 했다. 하지만 그 어떤 미화나 폄하도 그들이 체험한 고뇌와 동요를 온전히 담아내지는 못했다. 그렇게 세월은 흘렀고, 인간으로서 그들이 갖고 있던 기억은 이제 생물학적 죽음이라는 차가운 숙명 앞에 그 생명력을 다하려 하고 있다.

최초의 인터뷰 이후 1년 만에 히로토 씨를 다시 만났다. 그날 그는 전쟁 체험으로 뒤틀린 자신의 삶에 대해 깊은 아쉬움을 토로했다.

솔직히 말씀드리면, 좀 더 살아서 공부하고 싶습니다. 학교 다닐 때는 정보통제로, 이후에는 전쟁에 나가게 되면서 제대로 공부를 하지 못한 게 두고두고 아쉽습니다. 전쟁으로요. 우리 세대는 무척이나, 뭐랄까, 이미 정해진 것 외에는 비판하는 것 자체가 불가능했습니다. 제 손주들은 그런 시대를 겪지 않았으면 하는 것이 저의 소원입니다.

전쟁이 끝난 지 오래됐다. 하지만 모든 게 끝났을까. 과거사는 정리됐을까. 이제 그 전쟁을 체험한 이들도 지금 삶의 끝자락에 서 있다. 이들의 체험으로부터 우리는 무엇을 배워야 할까. 우리가 아무것도 배우지 못한다면, 이들이 겪었던 비극은 또다시 반복될지도 모른다.

나 또한 '국민'으로 빚어진 존재

이 연구를 시작하기 전, 제국 시대 일본인에 대해 내가 갖고 있던 이미지는 루스 베네딕트의 1946년 작 《국화와 칼》에 묘사된 것과 크게 다르지 않았다. 천황에게 맹목적으로 충성하는 일본인들이 기꺼이 자신의 목숨을 버렸다는 것, 그리고 그러한 풍토가 일본군 특유의 정신론을 가능하게 했다는 것. 계층적 위계질서와 수치심, 죄책감의 문화가 있다는 것. 이 정도가 전부였다. 그러므로 그때의 일본인이란 현대 한국인인 내게는 낯설고도 두렵고, 또 기괴한 존재였다. 처음 내가 가졌던 문제의식이란 '그 기괴한 존재는 어떻게 빚어졌는가'였다. 그러나 본격적으로 인터뷰를 진행하게 되면서 생각은 크게 바뀌었다. 어느새 연구의 문제의식은 '부조리한 집합의식에 포위된 개인의식의 동요'로 옮겨가고 있었다. 개인의 생애를 관통하는 인터뷰

조사는 여러모로 나의 편견을 깨주었다.

물론 한국인으로서 일본인 전쟁 체험자의 구술사를 기록으로 남긴다는 것은 결코 쉬운 일이 아니었다. 인터뷰 대상자를 구하는 것 역시 어려웠지만, 그들과 내가 전혀 다른 세계를 살아왔다는 점 역시 우려스러운 부분이었다. 제국 시대를 살아본 적도 없고, 일본인도 아닌 내가 그들의 전쟁 체험을 온전히 이해할 수 있을까. 이런 의문은 연구를 진행하는 내내 뇌리에서 떠나지 않았다.

그런데도 용기를 낼 수 있었던 것은 '인류의 보편적 가치'에 대한 믿음 덕분이었다. 나는 타국과는 구별되는 제국 일본의 사상통제가 어떠한 특수성을 갖는지에 대해 규명하는 작업을 하면서 오히려 인간이 공유하는 보편성에 대해 강한 확신을 품게 되었다. 메마른 교과서의 활자를 넘어서 실제 그 시대를 체험한 이들의 얼굴을 직접 마주하게 되었을 때, 나는 그들 또한 나와 다를 것 없는 사람이라는 것을 느꼈다. 천황을 정점으로 하는 국체사상의 광풍이 아무리 강했다 한들 인간이 당연하게 느끼는 희로애락을 지울 수는 없었다. 제국의 총력전 체제는 전쟁의 극한 상황에서 동요하지 않고 돌격할 수 있는 '국민'을 빚어내고자 부단히 노력했지만, 피와 살로 뭉쳐진 인간은 눈물지으며 삶과 죽음의 의미에 대해 끊임없이 고뇌했다.

이렇듯 당시를 살았던 일본의 군인·군속과 내가 본질적으로 다를 것 없는 존재라는 걸 깨닫게 되면서도, 한편으로는 전쟁 수행을 위해 그 보편성마저 지워내고자 했던 총력전 체제의 폭력성을 다시금 곱씹어볼 수 있었다. 총력전 체제의 사상통제는 개인의식을 완전히 잠식하지는 못했지만, 그 그림자는 각 개인의 생애에 걸쳐 그림자를 드리우게 되었다는 사실이 너무도 무섭게 느껴졌다.

이것이 어찌 일본만의 이야기일까. 문득 내가 해병대 장교로 자라나기까지의 과정들이 주마등처럼 뇌리를 스쳤다. "우리의 주적은 누구인가"라는 질문에 자신만만하게 대답했던 학군단 면접이 생각났고, "우리들은 방패 없이 바다와 모래에서 독수리 되어 날은다" "싸워서 이기고 지면은 죽어라"는 해병대 군가의 구절들도 생각났다. 무엇이 이러한 한국식(?) 정신론을 가능하게 했을까. 구체적인 형태와 양상은 다를지언정, '죽음의 운명공동체'는 오늘날의 세계에서도 여전히 기능하고 있는 게 아닐까.

앞서 살펴본 바와 같이, 제국 일본에서 극도로 신성시된 국체 관념은 '천황'(혹은 천황으로 대표되는 국가)을 위해 '몸과 마음을 바치도록' 일본군 장병들을 내몰았다. 한국은 어떠했는가. 국가나 민족, '자유민주주의' 체제 등 공동체의 대의로 설정된 가치가 개인의 존엄보다 우선했던 시절이 있었다. 수류탄을 들고 '공산군'의 전차나 토치카에 자폭하는 행위가 이 숭고한 미덕으로 칭송될 수 있었던 것은, '불순분자'로 설정된 시민을 국가 공권력이 살해하거나 고문할 수 있었던 것은, 그 무엇보다도 우선되어야 할 공동체의 대의가 있었기 때문이다.

지금은 어떠한가. 민주화의 진전 이후 많은 변화가 있었음에도 폭력적인 집합의식은 여전히 우리 사회 안에 살아 숨 쉬고 있다. 그리고 군대는, 남북대치라는 시대적 상황과 조직의 특수성으로 인해 그 그림자를 더욱 짙게 품고 있는 듯하다. 일본군이나 만주군 출신자들이 '천황'이나 '국체'의 자리에 다른 개념을 끼워 넣고서 빚어낸 '정신 전력'의 틀은, 21세기에도 여전히 유효할 수 있는가. 진정으로 지켜야 할 가치가 무엇인지, 진지한 성찰이 필요할 때가 아닐까.

근대국가는 전쟁의 극한 상황에서 동요하지 않고 돌격할 수 있는 '국민'을 원한다. 돌이켜보면, 결국 나 또한 한국사회의 집합의식 안에서 '국민'으로 빚어진 존재이다. 나의 삶을 돌이켜보며, 나는 인터뷰 대상자들의 체험에 조금씩 공감해나갈 수 있었다. 그래서였을까. 걱정했던 것보다 인터뷰는 순조롭게 진행되었다. 나는 인터뷰 대상자들과 여러 대목에서 깊게 공감하며 대화할 수 있었다. 그분들은 "군인이었으니 무슨 말인지 알지요?" 하고 여러 번 웃음 지었다. 처음의 걱정과는 무색하게, 나는 스스로 체험했던 국민·군인으로서의 자각 과정을 떠올리며 인터뷰 대상자들의 증언에 마음으로 공감할 수 있었다.

물론 모든 대화가 물 흐르듯이 통했던 것은 아니었다. 특히 역사 문제에서 발생하는 한·일 갈등을 떠올리며 이야기가 민감한 방향으로 흘러가면 어쩌나 하고 식은땀을 흘리곤 했다. 가령 야스쿠니신사에 관한 이야기를 진행할 때의 부담감은 지금도 생생하게 기억난다.

기시 씨를 두 번째로 방문했던 날, 나는 인터뷰에 앞서 야스쿠니신사를 방문했다. 신사 경내를 찬찬히 둘러본 뒤, 한편에 마련된 박물관까지 관람하고 나왔는데, 형언할 수 없는 쓸쓸함과 위화감이 하루 종일 가시질 않았다. 그것은 내가 한국인이기 때문에 느낀 감정이 아니었다. 아마 내가 제3의 국적자였어도, 일본인이었어도 비슷한 감정을 느꼈을 것이라 생각한다. 무모한 전쟁, 불합리한 작전, 최악의 인명 경시 풍조 속에서 죽어간 전몰장병들에게, 과연 국가는 사죄한 적이 있는가. 그들의 죽음은 추도의 대상이 될 수는 있어도 미화의 대상은 될 수 없다는 생각이 강하게 들었다.

이런 감상을 품고서 기시 씨를 방문했던 탓에, 그날의 대화는 시종 야스쿠니신사에 관한 이야기로만 흘러갔다. 한국 사람들에게 야스쿠니신사가 비난받고 있다는 사실을 알고 있던 기시 씨는 조심스러워하면서도 자신의 견해를 밝혔다. 오히려 기시 씨 쪽에서 야스쿠니신사에 대한 내 생각을 묻기도 했기에 마음을 터놓고 의견을 교환할 수 있었다. 이렇게 서로 존중하는 분위기 속에서 인터뷰를 무사히 끝마칠 수 있었다. 타자를 이해하고 소통하는 방식이란 무엇인지 조금은 알 수 있을 것 같았다.

서로가 타자이기에 이야기가 풍성해진 측면도 분명히 있었다. 히로토 씨는 내가 한국인이라는 사실에 오히려 호감을 드러내기도 했다. 히로토 씨는 주오대학 시절 만났던 조선인 학생들에 대해 언급하며, 전후 연락이 끊겼지만 아마도 한국에서 잘 지냈을 거라 믿는다고 말했다.

일제강점기에 관한 이야기도 전혀 거리낌 없이 나왔다. 히로토 씨는 패전 직전에 자신의 대만인 부하가 탈영했던 사건을 언급하며, 본인이 먼저 일본의 조선 통치에 관해 이야기를 꺼냈다.

히로토 씨와 필자.

20~30년 전인가. 예전에 서울에 갔을 때, 국립중앙박물관으로 이용되던 옛 조선총독부 청사에 갔던 일이 있습니다. 직접 가서 보니 근대 건축 양식이 잘 보존된 멋진 건물이었는데, 조만간 철거될 예정이라고 하더군요. 왜 굳이 철거까지 하는 것인지 의아해했는데, 조선총독부 청사 뒤에 옛 조선의 왕궁이 있다는 사실을 알게 되고는 납득할 수 있었습니다.

자기 나라의 왕궁 앞을 총독부 건물로 막아버리다니, 한국인들에게는 참 모욕적인 처사였겠지요. 이렇듯 한국인들은 자신들만의 독자적인 문화와 긍지를 갖고 있었으니, 일본군 내에서 대만인들보다도 한국인들의 불만이 더 컸겠지요.

히로토 씨의 주위 부대에는 대만인뿐 아니라 조선인들도

너희는 죽으면 야스쿠니에 간다

있었다고 했다. 히로토 씨는 식민지인으로서 강요받았을 전쟁 체험에 대해 부채의식을 드러내기도 했다. 인터뷰가 끝났을 즈음, 그는 한국의 경주를 방문했을 때 샀다는 불상 기념품을 내보이며 이렇게 말했다.

한국의 옛 불상들을 볼 때마다 느낍니다. 한국은 위대한 전통과 문화를 갖고 있는 나라라구요. 그렇죠? 저는 언젠가는 남북한이 민주적으로 다시 통일되기를 진심으로 바랍니다.

뜻밖의 덕담에, 나는 잠시 당혹감마저 느끼다가 이내 마음이 따뜻해지는 것을 느꼈다. 타자가 반드시 대립과 배척의 대상이 되리란 법은 없다. 나와 너를 적대적으로 나누고서 분투하는 굴레를 극복하는 것, 그것이 오늘을 사는 우리의 소명이라는 생각이 들었다. 이분들이 살았던 차가운 총력전의 시대를 돌아보며 내가 느낀 감정의 소용돌이가 이 마지막 덕담에 모두 녹아내리는 것만 같았다.

이 글은 저의 석사논문 〈총력전 체제하 내셔널 아이덴티티의 형성과 동요: 전 일본 군인·군속의 구술사를 중심으로〉를 기반으로 하고 있습니다. 해당 논문이 완성되기까지 많은 분들께 신세를 졌습니다.

먼저, 인터뷰에 응해주신 히로토 아키라·기시 우이치·코타니 히로히코 어르신께 깊은 감사를 드립니다(배치는 나이순). 실제로 전쟁을 겪은 분들로부터 귀중한 이야기를 들을 수 있었던 것은 제 인생에서 정말 의미 깊은 경험이었습니다. 전쟁을 체험한 적이 없는 저는 세 분의 말씀을 들으며 '전쟁이란 무엇인가'에 대해 진지하게 생각해볼 수 있었습니다. 그 귀중한 경험으로부터 저는 일본 유학의 보람을 가슴 깊게 느끼고 있습니다.

그리고 히로토 아키라 어르신의 인터뷰에 협조해주신 히

로오 카츠코広尾克子 님, 기시 우이치 어르신의 인터뷰에 협조해주신 자제 기시 히데아키岸秀明 님, 코타니 히로히코 어르신의 인터뷰에 협조해주신 가사이 시청의 이노우에 긴지로井上銀次郎 님, 그리고 인터뷰 내용을 정리하는 데 일본어 감수를 도와주신 요네타니 후사코米谷富佐子 님께도 감사의 말씀을 드립니다. 본 논문의 근간이 된 인터뷰 작업은 여러분의 협조가 있었기에 무사히 마칠 수 있었습니다.

능력도 부족한 저를 사려 깊게 지도해주신 이지치 노리코伊地知紀子 선생님께도 진심으로 감사드립니다. 선생님의 지도가 있었기에 여러 어려움을 극복하고 논문을 완성할 수 있었습니다. 선생님과 함께 공부한 2년간의 석사 과정은 저의 인격적 성장을 한층 더 높여주었다고 생각합니다.

그리고 저의 연구를 응원해주시고, 적확한 조언을 해주신 사회학 연구실의 선생님들과 대학원생들께도 감사드리고 싶습니다. 특히 안자이 마사히로安西正宏 군으로부터 논문이 완성되기까지 일본어에 관한 조언과 인쇄 작업 등에 많은 도움을 받았습니다.

그리고 그동안 저의 연구 동기에 공감하고 적극적으로 저를 응원해주신 모든 선생님들께도 감사드립니다. 제주대학교 이은국 교수님은 학군사관후보생·군대 시절을 거쳐 지금의 유학 생활까지 저를 정신적으로 지탱해주셨습니다. 이은국 선생님의 가르침을 받고 저는 일본군에 관한 연구의 필요성을 느낄 수 있었습니다.

또한 제주도 청년들에게 기대를 걸고 생활면에서 도움을

주신 문대탄 선생님, 캄보디아에서 저를 위해 기도해주신 조대윤 신부님, 세상의 더 나은 미래를 함께 꿈꾸는 임길도 님께도 고개를 숙여 감사의 말씀을 드립니다. 그 많은 은혜를 잊지 않고, 지금부터 세계에 기여하는 인간으로서 성장하도록 노력하겠습니다.

니시무라 모토노부西村元延 이사장님을 비롯한 니시무라 장학재단 관계자분들께도 감사드립니다. 코로나19 바이러스가 유행하고 있는 세계적인 위기 상황에서도 제가 연구를 완성할 수 있었던 것은 니시무라 장학재단의 지원 덕분입니다.

이 연구 성과를 책으로 새롭게 빚어낼 수 있게 물심양면으로 도와주신 도서출판 오월의봄 관계자분들의 노고에도 감사의 인사를 올립니다.

그 밖에도 제 연구에 협조해주신 모든 분께 진심으로 감사의 말씀을 전하고 싶습니다. 지면의 한계상 직접 감사의 말씀을 전하지 못함을 양해해주시기 바랍니다.

마지막으로 제주도 본가에서 저를 응원해주시는 어머니께 '고맙고 사랑한다'는 말을 전하고 싶습니다.

1 가타야마 모리히데,《미완의 파시즘》, 김석근 옮김, 가람기획, 2013, 171쪽.

2 나종남 외,《한국군 초기 역사를 듣다: 군사영어학교 출신 예비역 장성의 구술》, 국사편찬위원회, 2012, 16쪽.

3 같은 책, 138쪽.

4 같은 책, 115쪽.

5 石川松太郎·小松周吉·広岡亮蔵·海老原治善,〈日本資本主義の発展と教育〉,《近代教育史Ⅱ》, 誠文堂新光社, 1957, 314쪽.

6 같은 책, 315~320쪽.

7 広岡亮蔵·小松周吉·久保義三·山崎唱甫·海老原治善·駒林邦男·石川松太郎,〈日本資本主義の危機と教育〉,《近代教育史Ⅲ》, 誠文堂新光社, 1956, 154~166쪽, 178~179쪽.

8 石川松太郎·小松周吉·広岡亮蔵·海老原治善,〈日本資本主義の発展と教育〉,《近代教育史Ⅱ》, 誠文堂新光社, 1957, 365쪽.

9 같은 책, 393쪽.

10 같은 책, 393~395쪽.

11 広岡亮蔵·小松周吉·久保義三·山崎唱甫·海老原治善·駒林邦男·石

川松太郎,〈日本資本主義の危機と教育〉, 앞의 책, 154~166쪽, 180쪽, 188쪽.

12 같은 책, 245쪽.

13 寺崎唱男,《総力戦体制と教育―皇国民〉錬成〉の理念と実践》, 戦時下教育研究会, 1987, 2쪽, 5쪽.

14 같은 책, 2쪽, 5쪽.

15 같은 책, 7쪽.

16 오동룡,〈日帝下 조선인 特高경찰관들의 죄와 벌〉,《월간조선》, 2004,11.

17 山之内靖,《総力戦体制》, ちくま学芸文庫, 2015, 12~13쪽.

18 같은 책. 14쪽.

19 같은 책, 15쪽.

20 같은 책, 15쪽.

21 같은 책, 16쪽.

22 熊谷光久,《日本軍の精神教育: 軍紀風紀の維持対策の発展》, 錦正社, 2012, 232쪽.

23 같은 책, 239쪽.

24 같은 책, 141쪽.

25 같은 책, 146쪽, 237쪽.

26 같은 책, 154쪽.

27 같은 책, 275쪽.

28 같은 책, 279쪽.

29 安藤忠,〈国民教育における軍事教育の形成過程〉,《教育学雑誌第9号》30-41, 1975, 36쪽.

30 같은 책, 36쪽.

31 같은 책, 36쪽.

32 廣戸章,《回想》, 汎和産業株式会社, 1985, 60쪽.

33 배영미,〈조선인 특공대원의 실태와 한일 양국의 인식: 그 현황과 전망에 대해〉,《한국학연구》28권, 인하대학교 한국학연구소, 2012, 5쪽.

34 같은 책, 8쪽.

35 같은 책, 9쪽.

36 같은 책, 10쪽.

37 樋口雄一,《皇軍兵士にされた朝鮮人》, 社会評論社, 1991, 16쪽.

38 廣戸章,《回想》, 26쪽, 30쪽.

39 NHKスペシャル,〈日本海軍 400時間の証言 第3回: 戦犯裁判 "第二の戦争"〉, 2009.8.11.

40 宇田川幸大,《東京裁判研究》, 岩波新書, 2022, 21쪽.

41 같은 책, 21쪽.

42 鶴見俊輔,《戦時期日本の精神史》, 岩波書店, 1982, 205쪽.

43 같은 책, 215~216쪽.

44 山崎雅弘,《戦前回復: 大日本病の再発》, 朝日新聞出版, 2018, 35쪽.

45 데이비드 M. 글랜츠·조너선 M. 하우스,《독소전쟁사 1941~1945: 붉은 군대는 어떻게 히틀러를 막았는가》, 권도승·남창우·윤시원 옮김, 열린책들, 2007, 59쪽.

46 같은 책, 87쪽.

47 같은 책, 88쪽.

48 랄프 게오르크 로이드,《괴벨스, 대중 선동의 심리학》, 김태희 옮김, 교양인, 2006, 875~876쪽.

49 기 사예르,《잊혀진 병사: 어느 독일 병사의 2차 대전 회고록》, 서정태 옮김, 루비박스, 2007.

50 요아힘 페스트,《히틀러 최후의 14일》, 안인희 옮김, 교양인, 2005, 52쪽.

51 같은 책, 89쪽.

52 山崎雅弘,《戦前回復: 大日本病の再発》.

53 日本戦没学生手記編集委員会,《きけ わだつみのこえ》, 東大協同組合出版部, 1949, 2쪽.

54 같은 책, 88쪽, 39쪽.

55 和田稔,《わだつみのこえ消えることなく》, 筑摩書房, 1967, 18~19쪽.

56 澤田祐夫·山口敦二,《予科練と戦場》, 国書刊行会, 1990, 2쪽.

57 같은 책, 2쪽.

한국어 문헌

나종남 외,《한국군 초기 역사를 듣다: 군사영어학교 출신 예비역 장성의 구술》,
    국사편찬위원회, 2012.
기 사예르,《잊혀진 병사》, 서정태 옮김, 루비북스, 2007.
데이비드 M. 글랜츠 · 조너선 M. 하우스,《독소전쟁사 1941~1945: 붉은 군대는
    어떻게 히틀러를 막았는가》, 권도승 · 남창우 · 윤시원 옮김, 열린책들,
    2007.
랄프 게오르크 로이트,《괴벨스, 대중 선동의 심리학》, 김태희 옮김, 교양인,
    2006.
배영미,〈조선인 특공대원의 실태와 한일 양국의 인식: 그 현황과 전망에 대해〉,
    《한국학연구》 28권, 인하대학교 한국학연구소, 2012.
브라이언 다이젠 빅토리아,《불교 파시즘》, 박광순 옮김, 교양인, 2013.
요아힘 페스트,《히틀러 최후의 14일》, 안인희 옮김, 교양인, 2005.

일본어 문헌

安藤忠,〈国民教育における軍事教育の形成過程〉,《教育学雑誌第9号》, 1975.

樋口雄一,《皇軍兵士にされた朝鮮人》, 社会評論社, 1991.

広岡亮蔵·小松周吉·久保義三·山崎唱甫·海老原治善·駒林邦男·石川松
　　　太郎,〈日本資本主義の危機と教育〉,《近代教育史III》, 誠文堂新光社,
　　　1956.

石川松太郎·小松周吉·広岡亮蔵·海老原治善,〈日本資本主義の発展と教
　　　育〉,《近代教育史II》, 誠文堂新光社, 1957.

飯倉江里衣,〈満洲国陸軍軍官学校へ入校した朝鮮人·金光植の語りを考
　　　える〉,《日本オーラル·ヒストリー研究第》, 2017.

片山杜秀,《未完のファシズム》, 新潮社, 2012. (한국어판: 가타야마
　　　모리히데,《미완의 파시즘》, 김석근 옮김, 가람기획, 2013.)

小林英夫,《帝国日本と総力戦体制》, 有志社, 2004.

熊谷光久,《日本軍の精神教育: 軍紀風紀の維持対策の発展》, 錦正社,
　　　2012.

野上元,〈大衆社会論の記述と全体の戦争: 総力戦の歴史的·社会的位格〉,
　　　《戦争社会学: 理論·大衆社会·表象文化》, 明石書店, 2016,.

日本戦没学生手記編集委員会,《きけ わだつみのこえ》, 東大協同組合出
　　　版部, 1949.

荻野昌弘,〈戦争と社会学理論: ホモ·ベリクス(homo bellicus) の発見〉,
　　　《戦争社会学: 理論·大衆社会·表象文化》, 明石書店, 2016.

岡村重夫,《戦争社会学研究》, 中川書房, 1943.

大江志乃夫,《昭和の歴史 第3巻 天皇の軍隊》, 小学館, 1981.

澤田祐夫·山口敦二,《予科練と戦場》, 国書刊行会, 1990.

鶴見俊輔,《戦時期日本の精神史》, 岩波書店, 1982.

寺崎唱男,《総力戦体制と教育ー皇国民〉錬成〉の理念と実践》, 戦時下教育
　　　研究会, 1987.

宇田川幸大,《東京裁判研究》, 岩波新書, 2022.

和田稔,《わだつみのこえ消えることなく》, 筑摩書房, 1967.

渡部彬子,〈日本軍兵士たちの軍隊観: 1937年以降の大動員期から戦後
　　　へ〉,《早稲田大学大学院教育学研究科紀要》別冊(19-2), 2012.

山之内靖,《総力戦体制》, ちくま学芸文庫, 2020.

山崎雅弘,《天皇機関説事件》, 朝日新聞出版, 2017.

_____,《戦前回復: 大日本病の再発》, 朝日新聞出版, 2018.

_____,《歴史戦と思想戦》, 朝日新聞出版, 2019.

福山孝之,《ソロモン戦記》, 図書出版社, 1980.

廣戸章,《回想》, 汎和産業株式会社, 1985.

방송

NHKスペシャル,〈日本海軍 400時間の証言 第1回 開戦 "海軍あって国家なし"〉, 2009.8.9.

NHKスペシャル,〈日本海軍 400時間の証言 第2回 特攻 "やましき沈黙"〉, 2009.8.10.

NHKスペシャル 日本海軍 400時間の証言 第3回〉戦犯裁判 "第二の戦争"〉, 2009.8.11.

NHK,〈証言記録 兵士たちの戦争, "ベニヤボート"の特攻兵器〜震洋特別攻撃隊〜〉, 2009.10.31.

NHK,〈証言記録 兵士たちの戦争, フィリピン·エンガノ岬沖〜囮(おとり)とされた空母 瑞鶴〜〉, 2010.2.27.

NHK,〈証言記録 兵士たちの戦争, 昭和二十年八月十五日 玉音放送を阻止せよ〜陸軍·近衛師団〜〉, 2010.5.29.

영화

渡辺邦男;〈決戦の大空へ〉, 1943.

곡

籔内喜一郎·古関裕而,〈露営の歌〉, 1937.

生田大三郎·林伊佐緒,〈出征兵士を送る歌〉, 1939.

너희는 죽으면 야스쿠니에 간다

초판 1쇄 펴낸날 2022년 8월 5일
초판 2쇄 펴낸날 2023년 12월 4일
지은이 박광홍
펴낸이 박재영
편집 이정신·임세현·한의영
마케팅 신연경
디자인 조하늘
제작 제이오
펴낸곳 도서출판 오월의봄
주소 경기도 파주시 회동길 363-15 201호
등록 제406-2010-000111호
전화 070-7704-5018
팩스 0505-300-0518
이메일 maybook05@naver.com
트위터 @oohbom
블로그 blog.naver.com/maybook05
페이스북 facebook.com/maybook05
인스타그램 instagram.com/maybooks_05

ISBN 979-11-6873-029-8 03900

만든 사람들
책임편집 박재영
디자인 조하늘